लिखती हूँ मन

(कविता-संग्रह)

लिखती हूँ मन

रोहिणी अग्रवाल

भारतीय ज्ञानपीठ

वाणी प्रकाशन : भारतीय ज्ञानपीठ की पुस्तकों
के एकमात्र प्रकाशक एवं वितरक

पहला संस्करण : 2023

प्रकाशक

वाणी प्रकाशन ग्रुप

4695, 21-ए, दरियागंज, नयी दिल्ली-110 002
फ़ोन : 011-23273167, 23275710
ईमेल : sales@vaniprakashan.in

ISBN : 978-81-19014-58-3

लिखती हूँ मन
(कविता-संग्रह)
रोहिणी अग्रवाल

LIKHTI HOON MAN
(Poetry-Collection)
by Rohini Agarwal

मुद्रक : आर. टेक ऑफ़सेट प्रिंटर्स, दिल्ली-110 032

Price : INR. 395

अनुक्रम

प्यार में प्यार के सिवा कुछ नहीं रहता

मैंने चाहा
प्यार के इन्द्रधनुष को
कूची से रंगना
शब्दों में टाँकना
काग़ज़ पर उतार कर
इतराना
इठलाना
अपनी उपलब्धि पर सबको जलाना।

प्यार ने मुझे बरजा नहीं
हौले से चूम लिया
बस
अमृत के सोते फूट पड़े
यकबयक

मैं अन्तःप्रज्ञा सी
खोल कर दोनों बन्द मुट्ठियाँ
भूल गयी सब
दुनिया
दुनियावी इच्छाएँ
मेरा अपना मैं।

प्यार में प्यार के सिवा कुछ नहीं रहता।

बेख़बरी

मैं पुकारती हूँ उसे
वह पात–पात पंखुरी बन
होंठों से लिपट जाता है

निहारती हूँ उसे
वह रंग–रंग इन्द्रधनुष बन
पलकों में उतर आता है

ख़याल–ख़याल डूबती हूँ भीतर
वह भोर की सपनीली आस बन
देह पर बरस जाता है

चलती हूँ स्याह परछाइयों के संग जब
महीन आलोक–रेख बन
चुपके से थाम लेता है मुझे
मैं घूँट–घूँट निगल कर उजाला
बन जाती हूँ आफ़ताब
अपनी ही बेख़बरी में।

बेख़बरी से बड़ी सुध दुनिया में और कोई नहीं।

नहीं चीन्हती चेहरा प्रेम का

मैं नहीं चीन्हती
चेहरा प्रेम का
न जानती हूँ
उसकी गन्ध, रंग, रवानी

नहीं जानती
ईश्वर सरीखा अलौकिक है वह
कि दीदार कर
सम्मोहित वहीं बँधी रह जाऊँ
या है मेरे ही कँटीले अहं का
नकचढ़ा सलोना अक्स
कि निहार कर उसे
अपनी ही गुफाओं के तिलिस्म में
क़ैद हो जाऊँ।

प्रेम की पारदर्शी धार में
क़तरा बन कर डूब गयी हूँ
उबर कर आऊँ
तो कुछ बयाँ भी करूँ
अभी तो डूबने के सुख में
लहरा रही है देह
और मगन मन समन्दर किनारे बैठ
बालू के घरौंदे बना रही हूँ।

वस्त्र मेरी देह पर तने तम्बू हैं

वस्त्र
मेरी देह पर तने तम्बू हैं
जो मुझे नहीं
मेरे पहरुओं को सुरक्षा देते हैं

मेरे पहरुए
धुनिए हैं
और हैं रंगरेज़

लाद देते हैं मुझ पर
थान के थान
कपास की उजली कली से
कच्ची नरम मुस्कान छीन कर।

रंग कर
थानों में फैलीं अजगरी लंबाइयाँ
नाथ देना चाहते हैं मुझे
कि करूँ परिक्रमा उनकी
करता है जैसे कोल्हू का बैल।
वे यातना को कहते हैं प्रेम

आवृत्ति को कल्पना
ठस्स को आराधते हैं
और सिहर कर
अमूर्त के आप्लावनकारी तरल सौन्दर्य से
वहशत के शोर में पनाह पाते हैं

शब्दों के साधक हैं वे
नहीं सुन पाते
अनभिव्यक्त रह गये मौन में गुँथे वाचाल रहस्य।
वे देखते हैं पुतली से अंगुल भर दृश्य
दृश्य की पीठिका में
अनन्त समय की डगर फलाँगती
आहटों को सुन नहीं पाते।

हम सदियों पुराने संगी हैं
नज़रबन्द मैं
पहरुए वे
आमने–सामने हो रहते हैं दिन–रात
बर्फ़–सी सख़्त अजनबियत लिए

बेचारे पहरुए–
केंचुल को समझ मेरा तन
हिफाज़त में लगे रहे
और मैं ललद्यद
ठीक उनकी नज़र के सामने
निकल गयी नंगे बदन
प्रिय मुझ–सा हुआ औघड़

जनूनी
जांबाज़
तलाश लेगा मुझे ख़ुद–ब–ख़ुद

अभी तो मैं व्यस्त हूँ बहुत
पुलका रही है हर राह–घाट
मेरी निर्द्वन्द्व पदचाप
महका रही है हर ज़र्रा हर रोयाँ
मज़बूत इरादों की सुवास।

मेरी टेर की आस में
कान बन गया है ब्रह्माण्ड
प्रिय के पास रत्ती भर जगह नहीं कहीं
मेरे आगोश के सिवा।

श्रद्धा का बोझ

विनम्रता के बोझ की तरह
बहुत मारक होता है
सायास श्रद्धा का बोझ
बँधा हो जब
सवालों की उलझी डोरियों से
और हाथ डूबे हों गहरे
प्रशस्ति–वाचन की गाढ़ी चाशनी में।

मेरे साथ नसीहतें नहीं, सपने चलते हैं

गंगा में बहा आयी हूँ
राख की अनगिन पोटलियाँ
सदियों से सीने में दाब कर जिन्हें
वानरी–मोह के साथ
मेरी दादी–नानी–माँ
बनती रही हैं त्रिजटा
अपनी ही क़ैद की पहरेदार।

राख की पोटलियों में रहती हैं पुरखिनें मेरी
बर्तन घिसते–घिसते घिसा डालती हैं नाख़ून
चमकता नहीं लेकिन कुछ भी
न आँख, न त्वचा,
न नाक, न कान
लेप लेती हैं देह पर चन्दन की तरह
बन जाती है अवधूत।
(जानती हैं, 'बन जाना' जब
अ–पूर्तियों की वर्चुअल पूर्ति करे
तब जीने की आस में जीने के ख़याल को जुटाना
कतई नहीं है बुरा)
मैं धड़कन हूँ पुरखिन नहीं,

प्रयोग की झिलमिल ज्वाला।
करती हूँ इन्कार
चबाये गये पान को मुँह में ठूँस कर
अबीरी मुस्कान से इतराना

उलटती हूँ राख का ढेर
नंगी उँगलियों के स्पर्श से
बटोरती हूँ अधबुझे अग्निस्फुलिंग
और फूँक कर अस्वीकार की गहरी लम्बी फुँकनी
धधकती लपट के आलोक में रचती हूँ
आकांक्षाओं के अनलिखे महाग्रन्थ।

मेरे साथ नसीहतें नहीं, सपने चलते हैं।

लिखती हूँ मन

तुम तिरस्कारपूर्वक
करते रहो वक्र अपने होंठ
फ़तवे देकर करते रहो जलील
या चुप्पी की ठण्डी सिल्लियों तले दाब कर प्राण
कर दो मुझे अदृश्य
मैं फिर भी
ताल ठोंक कर कहती रहूँगी
हाँ, स्त्री हूँ मैं
लेखक स्त्री
लिखूँगी अपना मनचीता
चलूँगी डगर निराली
खुदे होंगे जिस पर
मेरे अ–कम्पित मज़बूत क़दमों के गहरे निशान।

हाँ, ठीक कहते हो तुम
स्त्री के लिखे में पराक्रम नहीं होता
बाँहों की मछलियाँ फड़फड़ा दे जो,
पर उसके पास
डींग हाँकती अश्लील शौर्य–कथाएँ भी तो नहीं
न विजय–अभियानों के दम्भ पर सवार बर्बर शोर
न भोग और घृणा की कुत्सित दलदलें।

मैं, लेखक स्त्री
लिखती हूँ अपना मन
क़ब्ज़ा ली गयी जम़ीन की तरह
नींव की अतल गहराइयों में
पड़ा है किसी की मिल्कियत के सन्दूक में।
तुम देखते हो जम़ीन पर चिने
ठाठदार महल,
कंगूरों पर जिनके
लटके रहते हैं सूरज चाँद तारे
फिर आरती का थाल सजा कर
बना देते हो उन्हें कुरुक्षेत्र बनारस हरिद्वार

मैं नींव के नीम अँधेरों की आदी
खोलकर वह सन्दूक
बाहर फेंकने लगती हूँ चीज़ें एक–एक कर
अहा!
धूप और हवा का स्पर्श!
जिन्दा हो जाती हैं सारी कराहें क्रन्दन
फैल जाती हैं देह को घेरते मेरे जीवन–चक्र में
फिर धरती की परिधि पर
काल को आवेष्टित करते हुए
बींध देती हैं सभ्यताओं के सजीले मुखौटे
संस्कृतियों के मादक तरल सोमरस।

ज़ख़्म पुरते नहीं
निशानदेही करते हैं अ–दीखती यन्त्रणाओं के
शूरवीरों की जयजयकार के तुमुल उद्घोष
शर्म से संकुचित हो
मुँह छुपाने और मुँह दिखाने के द्वन्द्व में

गरजते शोर की लरजती अन्तहीन साँकल में तब्दील हो
जाते हैं
बाहुबलियों के चेहरों पर पुतने लगती है कालिख
ताण्डव के लास्य के बहाने
राख का सिंगार करने की अभिनव मुद्रा गढ़ लेते हैं वे।

मैं लिखती हूँ मन
कि तुम भी देख सको
दूसरों की आँख में बसी अपनी तस्वीर
वरना तो आज तक तुम ही दर्ज करते आये हो
हड़प ली गयी ज़मीन पर
भोग का माल
और गढ़ गढ़ने का मायावी कमाल।

मैं लिखती हूँ मन
कि गुमशुदगी की दलदल से निकाल बाहर
लफ़्ज़ों को दे सकूँ शफ़्फ़ाक सीधे मायने
कि जब वे कहना चाहें "शोषण"
तो बाहुबलियों के पराक्रम भरे अश्लील क़िस्से
रेशमी थानों की तरह सड़कों–गलियों में सरसरने लगें।

हाँ जनाब
स्त्री हूँ मैं
लेखक स्त्री!
मेरे चुप करा दिये गये शब्दों में
घुड़कियों के नकाब पलटने की ताक़त है।

फिर चाहो तो, काँप कर
जान ले सकते हो मेरी!

जब कहती हूँ

जब कहती हूँ
तुम पूरक हो मेरी अपूर्णताओं के
मैं फैल कर अछोर आसमान की तरह
पूर रही होती हूँ तुम्हारे अभाव
और पढ़ लेती हूँ
अकिंचनता की निस्सीम परिधि में घूमते
विराट का दार्शनिक सार।

समर्पित हो जब कहती हूँ
तुम में पाया है मैंने अन्तिम शरण्य स्थल,
तुम्हारी प्रकम्पित कातरताओं
भीत विलासिताओं
और खोखली क्षुद्रताओं के
नुकीले शर से बिंधे मृतप्राय स्वत्व को
अपनी उत्तप्त साँसों से फूँक कर
जीवन–दान दे रही होती हूँ।

पोर–पोर सर्वस्व देकर जब कहती हूँ
तुम हो उर्वर उद्धारक मेरी वन्ध्या ज़मीन के
तुम मुकुट में सजाने लगते हो
लम्बे सलोने ताड़ के गाछ,

मैं लेती हूँ तुम से बूंद भर तुम
और गूँथ कर तमाम सपने–अरमान
अनदेखे लोकों के अनन्त सफ़र
हौसलों के भीषण तूफ़ान
लौटा देती हूँ तुम्हें
अपना धड़कता संसार विशाल।

मेरे सहयात्री!
हर घाट से लेकिन तुम
क्यों चले आते हो प्यासे भला?

हृदय-नाल

देखती हूँ
चरम तृषा की कोख से उपजा
परम तृप्ति का वह अनन्तिम पल
रुँध गया जाने कब
कण्ठ में सिसकारी बन
स्वर देकर अपरिमित आनन्द का
मुक्त सलिला की तरह बहा दिया तुमने
तुम्हारे मैं और मेरे मैं के
दो अभिन्न प्रशस्त कूलों के बीच।

देने के पल में छकने का कैसा अनूठा उजास!
न दी जाने वाली वस्तुएँ गिनने का लोभ
न पावतियों को सम्भालने का होश।

जानती हूँ बाँध लिया है तुमने
हृदय–नाल से मुझे
आरक्षित करती हूँ अजन्मे शिशु के लिए
अपनी नाभि–नाल।

पतंग की तरह टँका तलघर

मेरे तलघर की सीढ़ियाँ
जाने किस पाताल में खुलती हैं
नीम अँधेरे में मूर्च्छित
मवाद की सीलन में पल–पल भुरभुराती हैं
रेंगते हैं तिलचट्टे छिपकलियाँ चूहे
मशाल की तरह दग्ध करती
काली बिल्लियों की घूरती आँखें
थर्राती हैं मुझे।

उबकाई गटक कर कण्ठ में
सीढ़ियों से ही
थके पैर लौट आती हूँ सतह पर
(मनवांछित करने को न मिले कुछ
तो शैया पर लेटे–लेटे भी
पिराने लगता है बदन बुरी तरह)
और याद करती हूँ
बोरियों सन्दूकचियों गठरियाँ के ढेर में
क्या–क्या और लुका–छिपा होगा वहाँ
उस तलघर में
जहाँ गड़ी है मेरी नाल
मेरे डर

मेरे वहम
और हमशक्ल पुरखिनें मेरी।

उनींदी पलकों की गहराइयों से
उमड़ आती हैं बाँहें यक्षिणी की
खुलने लगती हैं सिरहाने रखी पोटलियाँ
फिर मिलकर हम दोनों
टाँक देती हैं तलघर
पतंग की तरह
आसमान के झक नीले आँचल में।

आसमान की बुलन्दियां डराती नहीं मुझे
पुचकार कर दुलार से
हौसलों को ऊँची परवाज़ देती हैं।

स्वर्ण-मृगों के बीच तुम!

यह क्या!
तुम्हारी आर्त्त पुकार!

गये थे तुम मेरे लिए
नीलाइयाँ भरे ढेर–ढेर आसमान लाने
मैं मगन मन बुन रही हूँ तब से
टोकरी भर इन्द्रधनुष
टाँक दूँगी गोटे–किनारी की तरह
जहाँ–जहाँ उभरेंगे मिलन के भीगे नरम चिह्न।

आरी की तरह चीर गयी तुम्हारी कातर पुकार!
सपनों की मसृण लच्छियों में रूह गूँधते मेरे हाथ
काँप गये हैं बेआवाज़
दिशा बन गयी है गूँजती तुम्हारी पुकार
कान के संग होड़ लगा कर
दौड़ रहे हैं बदहवास पाँव

तुम्हारी टेर–
प्रकम्पित!
शिथिल!
वेदनामयी!

बहुत दूर से चल कर आते–आते मानो
हाँफ गयी हो थक कर
पछाड़ खा कर गिरने को हो
भय है जिसमें गुँथा
और उत्कण्ठा बचाव की।

तुम खड़े हो वहीं
चट्टान–से कड़ियल सीने पर दोनों हाथ बाँधे
सामने है स्वर्ण–मृगों की क़तार
खेलते रहे तुमसे देर तक
और उकता गये जब तुम
बन गये वे अलंघ्य दीवार।

तुम्हारी यात्रा का लक्ष्य थी मैं
और मैं थी दीवार के पार!
आह!
तुम न चक्रव्यूह बेधने का हुनर जानते हो प्रिय
न दीवार उलाँघने का
रो पड़े बस
नादान शिशु की तरह

डाल–डाल फलाँगती मैं लौट आयी तुम तक

देख कर मुझे
तुम्हारी आँखों में छाया
आसन्न मृत्यु का प्रगाढ़ काला रंग
सुख से सिहर गया
और

आश्वस्ति की सुनहरी आब से निखर कर
बन गया कृतज्ञता का तरल राग

लेकिन यह क्या?
आँख में साँप की लपलपाती जिह्वाएँ
क्यों लहराने लगीं एकाएक?
या भ्रम हुआ है मुझे?
प्रेम के अतिरेक में
घुल जाता है असुरक्षा का धड़का
जैसे जिन्दगी के किसी पन्ने में छुप कर
दबे पाँव चला आता है
मौत का आख़िरी लमहा।

तुम्हारी आँखों की इबारत
पढ़ना जानती हूँ मैं कायदे की तरह
चौंक गये थे न तुम
मुझे हवाओं के संग आते देख!
कब सीखी यह कला—तुमने पूछना चाहा
पूछा नहीं

बस, आँखों में झलक गया था कौतूहल!

फिर कौतूहल पर बरस गयी
काली बदली—सी शिकस्त
शिकस्त के बीचोबीच तन गया
दिपदिपाते दर्प के साथ
सख्त उन्नतग्रीवा लौह शिरस्त्राण!

आह! तुम नहीं जानते प्रिय
पल के भीतर कितने काल जी लिए हम–तुम
मैं टक देखती हूँ तुम्हें
और निष्कवच रचती जाती हूँ महाग्रन्थ
स्पन्दन से शिरस्त्राण बनने की
तुम्हारी
त्रासद विजय–गाथाओं के।

सम्यक् सम्बुद्ध

अहा! मैं मुक्त हुई
नौकरी की जकड़न से
घड़ी की निस्पन्द धड़कन से
उलझी साड़ी की सलीकेदार लिपटन से।

हाँ हाँ! मैं मुक्त हुई
साठ की उम्र में
चित्त की समाधि से युक्त होकर
(जब सीखा पहली बार ख़ुद को प्यार करना)
किये शास्ता सम्यक् सम्बुद्ध के दर्शन
जो बैठे थे भीतर ही
अनुभव और बोध से पल–पल ख़ुद को सिरजते।

भन्ते!
मैंने तीनों विद्याओं का साक्षात्कार कर लिया है
(और देख रही हूँ साफ़–साफ़)
कि पूर्व जन्म में थी पिंजरबद्ध मैना
कि इस जन्म में भी हूँ मैं पिंजरबद्ध मैना
कि अगले जन्म में...
पर नहीं
निर्वाण की राह इस पल के निर्णय से बँधी है।

मुक्ति की चाह में
जला डालती हूँ सब विकार, आस्रव और आसक्तियाँ
फेंक देती हूँ प्रलोभनों की गठरियाँ
और कायर बनाती रुदालियाँ।

देखो! वह शैतान 'मार'
मुँह बन्द कराने को मेरा
वर्जनाओं और आचार–संहिताओं की
फ़तवों और लोकापवादों की
घिनौनी पट्टियाँ लिए धमकाता चला आता है।

क्षमा करना भन्ते!
मैं आँख मूँदकर पेड़ तले निश्चेष्ट नहीं बैठ सकती
घूर कर झाँकती हूँ उसकी आँखों में
उतरती हूँ गहरे–गहरे अन्दर तक
जहाँ मल है, कीचड़ है, भय हैं, ग्रन्थियाँ हैं
और पकड़े जाने की दुश्चिन्ता में...
अहा! देखो–देखो, वह कैसे भाग खड़ा हुआ है!

हे सम्यक् सम्बुद्ध!
तुम्हारे शासन को स्वीकार लिया है मैंने
कि धर्म–शास्त्र, उत्सव–कर्मकाण्ड
सब मिथ्या हैं
मिथ्या हैं राजाज्ञाएँ और लोक–मर्यादाएँ
मिथ्या हैं दुर्बलताएँ
जो रच–बस जाती हैं चमड़ी में रोएँ की तरह।

छोटे से ठेंगे पर उठा कर समस्त जन्मों का बोझ
देह पर धारण करती हूँ जीन्स और टॉप
पैरों के नीचे हरहराता ग्लोब
तृषित रूह में अमृत छलकाते मोज़ार्ट–बीथोवन के जादुई रोब।

अहा! मैं स्त्री नहीं,
मुक्ति हूँ साक्षात्
अनुभव और बोध की मिट्टी में
विवेक और संवेदना की नमी से रची
स्वयं सम्यक् सम्बुद्ध!!

(मुत्ताथेरी और सुमंगलमाताथेरी आदि 'थेरीगाथा' की तमाम थेरियों से क्षमायाचना सहित।)

देवियों ने आह्वान किया मेरा

वे देवियाँ ही थीं!
आह्वान किया उन्होंने मेरा
रोज़ रोज़
मन्त्रविद्ध पुजारी की तरह

पुकारती रहीं मुझे
नींद और जाग के बीच
जब सपने अंकुराते हैं रेशमी सुनहरी बालियों के साथ
जब अपनी ही थकी गतियों पर मलहम लगा कर
फटी एड़ियों को दुलारने लगती हैं नरम पोरें
जब उड़ कर पनीले बादलों की सवारी गाँठते हौसले
हवाओं के संग बाज़ी लगाया करते हैं
और देवी बन कर अमर होने की चाह
साँस को धौंकनी की तरह फुला देती है
जब देह पर बरसते सुकून में
कुछ तरल–सा संचरित हो गलबहियों के लाड़ में
जगर मगर हो उठता है
तब
ठीक तब
देवियों ने आह्वान किया मेरा
बारम्बार!

'घुट रही है साँस हमारी
बस शेष हैं
दो–तीन दीर्घ प्रलम्बित ठिठकी उखड़ी हारी साँसें
सदियों से वहीं पथराई सहमी खड़ी साँसें
न जीकर मुक्त होती हैं स्वयं
न चुक कर मुक्त करती हैं हमें'

'सदियों से खड़ी हैं हम जिन्दा दीवार में चुनी
नाक के ठीक सामने का पत्थर
हाथ में लिए खड़ा है शैतान कारीगर
मुस्कराता
दम्भ से छलकता
जान बख्शने का अहसान जता कर
ईश्वर बनने का प्रपंच रचाता'

'हम नहीं करतीं ईश वन्दना
नहीं भरती हैं निहोरे
देह की सूजन
पैरों पर रेंगती चींटियों की सिहरन
उतर आती है पथराई आँखों में जब
बदली बन कर बरस जाता है
सारे ब्रह्माण्ड के समुद्रों का जल

'कारीगर इस पल की प्रतीक्षा में
अपलक घूरता है हमें
और ठठा कर हँस पड़ता है–
गुलाम!
गुलाम देवियाँ!!

डिबिया में बन्द बासी हवा का झोंका
नथुनों में झोंक हमारे
मुँह में किसी बनैले भोग का निवाला ठूँस देता है।
हम मरने की तमन्ना में जिए चलती हैं
सदियों के लम्हों को
बन्द धड़कनों से पार करते हुए।'

हाँ, वे देवियाँ ही हैं!!
आह्वान करती हैं मेरा
रोज़ रोज़
मन्त्रविद्ध पुजारी की तरह!!

हम अदृश्य कर दी गयीं स्त्रियाँ

हम अदृश्य कर दी गयीं स्त्रियाँ
नष्ट नहीं होतीं
जगह घेरती हैं इसी ब्रह्माण्ड में
निजता के ठोस घनत्व के साथ
लेती हैं हवा पानी धूप
पौधों की तरह,
बन जाती हैं समुद्री शैवाल
कर्मठ और मूक
गुपचुप तल्लीन बचाती हैं पर्यावरण
जल का, थल का, भविष्य का।

हमारे होने में समाया है
समय का असीम विस्तार

हम अदृश्य कर दी गयीं स्त्रियाँ
नहीं बनना चाहतीं गूँगी हरियाली
संवेगहीन शैवाल
चाहती हैं समर्पण में गुँथी समर्पण की लौ
कि दूर करें अँधेरे इक–दूजे के
दिलोदिमाग़ पर जो
कालिख की मोटी तह बन चिपक गये ऐसे

ज्यों कोमा में पड़ा कोई वजूद
मौत और जिन्दगी के बीच
ख़ारिज करके अपने को
बचा रहा हो बस बेबसी का क्रन्दन!

हम अदृश्य कर दी गयीं स्त्रियाँ
उम्मीद की धवल चोटियों की रहवासी हैं
जानती हैं जमीन फोड़ कर अँकुराने का राज़
पहचानती हैं अपने पैरों खड़े होने का पुलकता रोमांच
ज़मीन की झोली को
नियामतों से भर देने का गर्वीला आह्लाद।
खींच कर ले आना चाहती हैं जिन्दगी को
मौत के आगोश से
बशर्ते कोमा से बाहर आने की ठिठकी–सी शुरुआत
तुम भी करो एक बार
नृत्य में प्रकम्पित
मेरी उँगलियों की पोर थाम कर।

सात द्वार, सात जन्म, सात वचन

कोठरी के हैं सात द्वार
और चक्रव्यूह के सात जाल
बींध कर चली आओ
सात जन्म तक वरण कर लूँगा तुम्हारा

मन्वन्तरों की उम्र पाकर
खोलती रही मैं द्वार
तोड़ती रही जाल
एक–दो–तीन
बार–बार।

दिगन्त तक फैले आँचल का छोर
खूँटे से बाँध आई हूँ
नहीं था विश्वास कबरी गाय की तरह
लौट आऊँगी साँझ ढले
जानी–चीन्हीं पगडंडियों पर
खुरों के निशान पर चलते हुए।

बुढ़ा गयी हूँ द्वार टटोलते
द्वारों पर लगी अर्गला खोलते
पथरा गयी है देह चक्रव्यूह के व्यूह बेधते।

एक–दो–तीन
मेरे ज्ञानकोष में अटे हैं बस ये तीन शब्द
नहीं जानती, कितने होते हैं सात
कितनी दूर तक चलते हैं सात क़दम
सात वचन
सात जन्म।

जानती हूँ इतना कि द्वार खोलो
तो कमरा जगर मगर आलोक से चहचहाने लगता है
पलँग के नीचे छिपी घुरघुराती बिल्लियाँ
आँखें तरेर भाग खड़ी होती हैं
हवा के संग बह आती हैं बतकहियाँ बाहर की
कोठरी में पूरनमासी के सागर का ज्वार उमड़ आता है

यह किस देस भेज दिया है कंत तुमने
कि द्वार खुलते ही भीमकाय अँधेरा
घनघना कर लाल बनैली आँख के साथ
नोच लेता है मेरा मर्मस्थल
और पसर जाता है चहुँ ओर
मेरी आकाशगंगा का जल–उजास निगल कर।

सदियों के अनथक सफ़र के बावजूद
कहीं मैं दूजे द्वार पर ही
अवरुद्ध तो नहीं कर दी गयी हूँ?
कोठरियों के सात द्वार
पाताल में खुलते हैं
या तोड़ी गयी पहली व्यूह रचना ही
तिलिस्म बनकर करने लगी है माया–सृष्टि?

माया द्वारों को खोलती मैं
बन गयी हूँ गति में विजड़ित शै कोई?

संशय नहीं, समर्पण! सवाल नहीं, सन्धान!!
प्रिय चेताते हैं
सिर्फ़ सात द्वार!
सात जाल!
फिर सात जन्म हम--तुम
साथ--साथ।

प्रिय की ललकार में हाँका है
चेतन हो अर्ध निःसंज्ञ--सी मैं
हर द्वार खोलने के बाद
भरने लगी हूँ आँचल में कंकरियाँ
कि रखूँ याद
कितने तीन मिल कर बनते हैं सात।

शूर्पणखा की नाक

स्त्री अस्मिता का सवाल
मानो शूर्पणखा की नाक हो गया है।
अठखेलियाँ करने के लिए
तमाम हमबिरादर
आ जुटे हैं एक जगह
अपनी–अपनी तासीर के मुताबिक़ रोल चुनने
विकल्प अलबत्ता ज़्यादा नहीं, बस दो
राम या लखन।

सब की जेब में है एक पैना चाक़ू
फ़र्क़ इतना है मन्थरा से
कि मुँह में राम–राम नहीं
लार है
जो न निगलते बने न थूकते।

आत्मगर्वीली है स्त्री–अस्मिता
शूर्पणखा की तरह
भरोसा है अपनी आत्मनिर्भरता पर
मज़बूती और फ़ैसलों पर,
आग के दरिया में कूदने की बेचैनी भी है
कि दरियाओं के उस पार

किसी उर्वर सघन वन–प्रांतर में
चलाये गृहस्थी विद्युत्जीव जैसे हृदयवीर के साथ
फिर गृहस्थी की बेल में लहलहा जाये बस्ती
गाँव–नगर–सभ्यता–संस्कृति
सहमेल की, सद्भाव की।
तर्क और लोकतन्त्र की पूँजी लेकर
और ज्यादा व्यापार फैलाने की चाह नहीं उसे।

स्त्री की तरह गाय नहीं स्त्री अस्मिता
और शूर्पणखा भी
तर्क करती हैं लोमड़ी की तरह
दहाड़ती हैं गाभिन बाघिन सी
कि आत्म रक्षा में 'आत्म' नहीं
बहुतों का स्वत्व भी बचाना हो उन्हें।

ख़च–ख़च निकल आते हैं चाकू जेबों से बाहर
मानो अठखेलियों भरे संवाद का दृश्य
महज़ कर्टन रेजर था ध्यान बँटाने के लिए
क्योंकि पर्दे के पीछे मंच पर
तैयार किया जा रहा था रणक्षेत्र
और रचे जा रहे थे अनगिन चक्रव्यूह
तमाम अक्षौहिणी सेनाओं के धनुर्धरों द्वारा
सिद्ध करने के लिए
कि करनी वीभत्स नहीं होती
वीभत्स और घिनौने होते हैं शब्द–
बलात्कार...हत्या...मान–मर्दन।
करनी के अख़्तियार को सुरक्षित रखते हुए
मुलायम कर दिये जाते हैं शब्द,

गढ़ ली जाती हैं फूस की अर्थच्छवियाँ
तब शर्म बन जाती है शूर्पणखा
और नाक काटने के गुनहगारों का जत्था
जयघोष करते हुए एक–दूसरे के रामत्व का
बरकरार रखता है सहूलियतों का साम्राज्य साझा।

हर रोज़ कटती है नाक शूर्पणखा की
हर रोज़ गूँजते हैं दिगन्त तक
डंके राम की मर्यादा के
झूठ की प्रशस्ति का यह समय
आज की ताज़ातरीन निर्मिति नहीं
हमारी संस्कृति की गौरव–गाथा है
तो आओ, कुचल दें विजय–रथ के गर्वीले पहियों तले
अस्मिता की छतरी तान कर चलती शूर्पणखाओं को
अगर मनुष्य बनने से ही परहेज़ है हमें।

मैं ही हूँ नृत्य

अग्नि को जज़्ब कर लिया है अन्तस में
और बाँहों में बाँध ली हैं
दुनिया भर की हरहराती नदियाँ
बर्फ़ की सफ़ेदी को देकर
जीवट की सीधी खड़ी ऊँचाई
नोक के इसी सन्तुलन पर
बनाती हूँ अपना परम धाम।

मैं एटलस नहीं कि
सदियों तक ख़ुद को मिटाकर
ढोती रहूँ बोझा तुम्हारी क्रूरताओं का
न ही प्रोमीथियस कि
रात भर चाट कर गहरे ज़ख़्म
जिबह होने अगली सुबह
दरबार में हाज़िर हो जाऊँ।

मैं हूँ नृत्य
गति
उल्लास
आद्या शक्ति सृष्टि की
और जीवन का राग आदिम

करती हूँ स्तुतियों और सूक्तों से सख़्त परहेज़
वार झेलने के लिए पीठ नहीं
चौड़ा सीना आगे करती हूँ
बुलबुल नहीं कि सीखूँ मोहिनी मन्त्र कोई
या वशीकरण का कारोबार फैलाऊँ
खरी–खरी कह कर जिन्दगी का नया आख्यान रचती हूँ।

तुम कहते हो मुझे ज़िद
बेजा बेवजह बेज़रूरत ज़िद
मैं कहती हूँ मैं हूँ हवा
निर्बन्ध निराकार स्वतन्त्र!

बेचैनियाँ-1

नींद के अन्धे कुएँ में डुबकी लगाने के बाद
गहरे उतरती चलती हूँ दूर तक
जैसे जगत पर टिकी घिरनी से
फिसलती रस्सी

रुपहले उजाले की टेरती दस्तकें
असह्य हो जाती हैं जब
खोल देती हूँ आँखें
और दौड़ने लगती हूँ वीराने में उगी पगडंडियों में

पगडंडियाँ
हाथ पकड़ ले चलती हैं मुझे
भीतर–भीतर आँगन की तहों में खुलती
सूनी गलियों में

अहा! दूर चमकता वह कंचा!
मैं उमग कर उठा लेती हूँ
और चूमती हूँ धूल भरी उस बिल्लौरी आँख को
निकल भागे थे न तुम निशाना साधते वक़्त
उँगलियों की मूठ से।

वीराने में चहलक़दमी करती छायाएँ
हमसफ़र बन जाती हैं
बतिया रही हूँ उनसे निश्शब्द
किसी अन्तहीन सफ़र में
संग–संग चलते हुए।

तलाश रही हूँ कुछ
कि पाकर थम सकूँ कहीं
कि सुस्ता लूँ लम्हा भर
किसी हरी–भरी जड़ की पीठ पर

झोली में भर ली हैं खोई–पाई–बिसराई चीज़ें तमाम
कुछ अधूरी ख़्वाहिशों के पूरे टुकड़े भी।
तलाश मगर अब भी जारी है
पैर बदस्तूर आगे बढ़ते हुए

अंधे कुँए में लटक रही है रस्सी
तैर कर पहुँचती हूँ बिस्तर पर
पोर–पोर दर्द से पिरा रहा है
और मन में लहक रही है
अगली यायावरी की तैयारी

सुबह के उजास में
अवसाद की काली झाँइयाँ
पच्चीकारी करने लगती हैं
चुपचाप।

बेचैनियाँ-2

नींद में सुकून नहीं
मृगतृष्णाओं की नगरी है नींद।

झिलमिल पहाड़ी की ऊँची चोटी पर
बर्फ़ का ताज पहने दिव्य सुन्दरी सी माँ को
देखती हूँ मैं
बाँहें फैलाये अंकवार करने की मुद्रा में

मैं दौड़ लगाती हूँ
पेड़ और पगडंडी गोद में उठा मुझे
पहाड़ की तलहटी तक ले आती हैं
पहाड़ी झरने कण्ठ में ठण्डक बन उतरते हैं
फिर सीढ़ी हो जाते हैं
लताएँ हौसला बन लिपट जाती हैं चहुँ ओर

पहाड़ की चोटी पर तो पहुँचना ही था मुझे।

कैसा अलौकिक सौन्दर्य
कैसी निस्तब्ध ख़ामोशी .
मानो शान्ति और आह्लाद की मिलन–स्थली
आँसू आँखों में नहीं, गले को थरथराने लगते हैं

माँ! मैंने बर्फ़ के ताज को अंक में भर लिया है
ठण्डा निर्जीव निष्प्राण ताज

नीचे तकती हूँ
घास का गट्ठर लिए
तलहटी में खड़ी है माँ
'आओ'! मुझे टेरते हुए।

ख़्वाहिश से ख़्वाहिश की दौड़।
नींद थका डालती है मुझे।

बेचैनियाँ-3

रीत गया है समय
या शायद कृश हुआ मेरा गात!
दुसह्य होता जा रहा है आँचल का बोझ!

अपनी ही मांस–मज्जा से रच कर
जन रही हूँ मृत सन्तानें
बना कर उनकी अस्थियों को पैना हथियार
खोद रही हूँ सुरंग
पाताल में
शकटार की तरह।

समय उकता गया है
या बीत गया है शायद।
सब्र का अमर–कलश
नसीब नहीं होता सबको।

सफ़र के बीच टोटम पोल

(टोटम पोल यूरोपीय आक्रान्ताओं के आगमन से पूर्व उत्तरी अमरीका महाद्वीप के पश्चिमी समुद्र तट पर बसे नेटिव रेड इंडियंस (जिन्हें अब फर्स्ट नेशंस कहा जाता है) के सांस्कृतिक स्तम्भ हैं जिन पर क़बीले/परिवार का इतिहास, वंशावली और विशिष्ट पारिवारिक–सांस्कृतिक घटनाओं/गाथाओं को संकेतों एवं चित्रों के ज़रिये चित्रित किया जाता है। 18वीं सदी तक यूरोपियन विजेताओं ने मूल निवासियों के साथ–साथ इन्हें भी उनकी उपासना पद्धति समझ कर नष्ट कर डाला जिसे अब प्रायश्चित्तस्वरूप पुनर्जीवित करने का प्रयास किया जा रहा है। टोटम पोल को नष्ट करना एक स्वायत्त सभ्यता–संस्कृति के ज़बरिया ईसाईकरण का निर्मम प्रतीक है।)

हर यात्रा लौट आने की नियति से बँधी है
अन्ततः लौट आयी हूँ मैं भी
सदियों का सफ़र कर के
थकान से बोझिल पैरों में
उड़ जाने की फरफराहट अब तलक है अलबत्ता।

मेरे झोले में हैं
सीपियाँ कौड़ियाँ और शंख
मुड़े–तुड़े पीले काग़ज़ पर

टोटम पोल के धुँधलाये पेंसिल स्केच
जंग खाये जहाज़ का टूटा उखड़ा मस्तूल
बूढ़े झुर्रीदार चप्पू
और दर्जनभर बोतलों में बन्द
तमाम समुद्रों–नदियों का नमकीन–मीठा पानी
जिनमें तैरती हैं नन्ही–मुन्नी टूना मछलियाँ
डॉल्फिन शार्क और ह्वेल के साथ
हवाएँ मेरी साँस में सरसराती हैं
कभी ध्रुवान्तों की ठण्डी सिहरन बन
कभी सहारा की रेतीली तपिश लेकर।

मैं जो लौटी हूँ वह वही तो नहीं
जो गयी थी
उछाह से उमगती सैलानी
मेरे सफ़री झोले में
नहीं हैं बीते दिनों की स्मृतियाँ
न छोड़ी हुई पुरानी केंचुल
सफ़र में स्मृतियाँ नहीं
अनुभव लहरों की सवारी करते हैं
आँख जो देखती है बाहर कुछ
भीतर संवेदन की पच्चीकारी करती है तल्लीन।

हँस दिये सब हिकारत से–यह क्या
व्यर्थ रही तुम्हारी यात्रा
कुछ भी क़ीमती नहीं
सँजोने लायक
दिखाने लायक
सब कबाड़!

मैं सीने से लगाकर कबाड़
पिरोती हूँ अनुभव
फूँकती हूँ संवेदना की गहरी साँस
और कौड़ियों को उठाकर दायें कान के समीप ले जाती हूँ
बसी हैं वहाँ बसाहटें पूरे ब्रह्माण्ड की
सुनती हूँ शून्य का शोर
सभ्यता के क्रन्दन
संस्कृतियों की मारकाट
जीत के परचम।

वह देखो
पोत के पोत निकल पड़े हैं
सागर के सीने को रौंदते
सिकन्दर के जंगी बेड़े की तरह
विजय के ख़ूनी परचम
घुटने टेकती सन्धि की श्वेत पताकाओं से उजले नहीं होते
रक्तिम लाल बने रहते हैं अन्त तक
भले ही कोलम्बसों को नायक मान कर
नयी दुनिया खोजने की डींगे हाँकते रहे हम
(डींग हाँकने के पाप के दाग़ नहीं धुलते
विस्मृति के गर्भ से झाँकते रहते हैं जब–तब
उझक–उझक कर)

उठा लेती हूँ टोटम पोल का अधूरा स्केच
मनुष्य की मासूमियत और दरिन्दगी
जिन्दगी के जश्न और मौत की नृशंसताएँ
विस्थापन और बेदख़ली की शाइस्तगियाँ

एक साथ देख लेती हूँ उसमें।
शंख को लगाती हूँ बाएँ कान से
ध्वनियाँ
टोटम पोल के स्थिर चित्र को जीवित कर देती हैं
दिखने लगते हैं रेड इंडियन
अपने सपनों का पीछा करती दृढ़ता और मासूमियत
कपाल में कुचल दिये जाने की
नियति लिखा कर आये अभागे
बार–बार जन्म लेते हैं
दिक्–काल भूगोल की सरहदों को लाँघ कर
नया नाम
नया बाना
नया देश
रूह वही
नियति वही।

मैं सीप के समुद्र में उतरती हूँ
पाल वाली नौका के सहारे
स्मृतियों की पतवार से खेती हूँ नाव
और पिछले तमाम जन्मों की यन्त्रणाओं को
गहरे ज़ख़्म की तरह लिए देह पर
लौट आती हूँ वर्तमान में।
इस बार हवाएँ भी चली आयी हैं संग
आग चिरायंध कड़वे धुएँ से रुँधी
चीत्कारती हैं
कितनी ही बद्दुआओं के बोझ से लँगड़ा कर
सहलाती हैं ज़ख़्म
जिन्हें वहशी विजेताओं के जंगली घोड़ों ने

खुरों से खूँद दिया है जिस्म पर।
सुनो तथागत!
बोतलों में बन्द पानी के कूलों पर बसी सभ्यताएँ
शरणागत–सी कर उठी हैं आर्त्तनाद
कि हमें याद हैं अपने सारे पूर्व–जन्म
पूर्व कर्म भी
कर्मों का बोझ
और अनासक्ति की साधना भी
धर्मशास्त्रों की नसीहतों को भोजन की तरह घुला कर
लहू की तरह बहाया है रगों में
फिर भी बार–बार जन्म–जीवन–मृत्यु का वही जड़ चक्र
बर्बरताओं से मुक्ति क्या कभी सम्भव नहीं?
क्या काल को निर्वाण की इजाज़त नहीं?
क्या सम्भव नहीं निर्वाण सबका एक साथ?
या हक़ीक़त नहीं निर्वाण, छलावा है सिर्फ़?
नया कारोबार चलाने के लिए गढ़ा गया राजसी सिक्का?

मुझे उठाना ही होगा सफ़री झोला
फिर एक बार
काल को अ–गति के जीवन–चक्र से मुक्त करा सके
ऐसे किसी तथागत की तलाश में।

कैंसर-1

जिन्दगी की गंगा का पाट बहुत चौड़ा है
गति मन्थर
और विस्तार प्रदीर्घ
बाँह बढ़ा कर माँग लेती है कभी–कभी आहुति
मैं पुकार से बँध कर
दे रही हूँ अपना गर्भाशय
धारासार बहती आँखों के साथ
न्न!! मोह नहीं यह मेरा
अपने ही रोम–त्वचा–तिल के साथ
बासठ की इस वय में जब
लहू–मांस की अनुपजाऊ जमीन बन जाते हैं अंग

पर क्यों है ऐसा
कि गर्भाशय में धड़कने लगी हैं सांस अनायास
ज्यों बगीचे में चहलक़दमी कर रही हो सुवास
फड़कने लगे हैं अरमान तितलियों–से
फुसफुसाहटें गूँज रही हैं मन्द्र आलाप बन कर–
यहीं था न पहला आशियाना तुम्हारे भविष्य का
पुत्र बनकर जीवन से भर गया जो
रीता आँचल तुम्हारा

एल्बमें सँभालकर रखती हैं
शिशु की पहली डगमगाहट
भौचक चकित चितवन
मीठी मिश्री सी मुस्कान
वक़्त की दरिया से कटी एक लहर

लेकिन उसकी नामालूम सी बिन्दु भर हस्ती में
साँस की लय
आकार का क्रमिक विस्तार
और व्यक्तित्व की अन्दरूनी अ–दीखती तस्वीरें
जो नहीं कहीं दुनिया की किसी एल्बम में
अपनी तमाम रुनझुन के साथ
तुम्हारे पास ही थीं न ओ मेरे गर्भाशय!

मैं सौंपती हूँ तुम्हें प्रकृति को
कि छतनार बरगद की छाँह बन
पोसते रहो मेरा मातृत्व।

नम जमीन में उगा बिरवा उखड़ने पर
हलचल मच गयी है मिट्टी के कलेजे में
मैं लवणयुक्त जल की लगा कर झड़ी
हर रही हूँ उसका सन्ताप

न! मोह नहीं कहो इसे मेरा
अपने ही रोम–त्वचा–तिल के साथ।

कैंसर-2

अमूमन जानवरों से प्रेम करते हैं इन्सान
खरगोश बिल्लियाँ कुत्ते
दुलार पाते हैं अकूत
मुझे सिहरन होती है लेकिन
भय की, एक अनाम–सी अप्रीति की
चींटी–मकोड़ों को तो पसन्द करने का सवाल ही नहीं।

उस रात सोयी तो बड़ा–सा केकड़ा
दैत्याकार
विराज गया सामने
ठीक मेरे स्टडी रूम में
और आँख में डालकर नुकीली तपती लाल आँख
मुट्ठी खोल उछाल दिये अनुचर
कमरे में चहुँओर
करने लगे किताबों पर क़ब्ज़ा
पैरों से बहती गति पर कस दी अर्गला
कलेजे में हाथ डाल गहरे
खींच लिया हौसला ज्यों खींचते हों अन्तड़ियाँ
दिमाग़ का स्कैन किये बिना
नष्ट कर डालीं सी. डी. सारी योजनाओं की
अगले बरसों बरस

जो उतरनी थीं किताबों में
फिर छोड़ दिया ठठा कर
जाओ, लग जाओ बिस्तर पर लाचार
हम मांसभक्षी नहीं
शिकार को रखते हैं महफ़ूज।

मैं खोखले कर दिये खँडहर संसाधनों के बीच
उमग गयी अनायास
मन...!!!
विध्वंस–लीला के बीच
मुस्कुरा रहा था अक्षत सम्पूर्ण मन!
वहीं तो रखा था मैंने भ्रूण जीवन का
देखती रही ले जाते उन्हें अपना गर्भाशय
बेचारे वे!!
नहीं जानते गर्भाशय छायाप्रति है मन की
उसे तो मैंने उनकी आमद से बहुत पहले
छुपा लिया था उमंग की तरंग में।

तरंग से घबराते हैं कृमि कीट मकोड़े।

अहसास

अहल्या थी मैं
कि सिहर उठी अचानक एक दिन

हवा का ठण्डा झोंका
मानो मदमाता उत्तप्त स्पर्श किसी का

धू–धू जलते बियाबान में
मगर कोई नहीं

अहसास
बेआहट पास आती आतुर पुकार–सा

पथरीले मुखौटों के बीच
कँपकँपा जाती हूँ मैं
पत्ते पर थरथराती बूँद की तरह।

जल है, पर जल नहीं, दूर तक दिगन्त में

जब कहती हूँ कविता
टी. एस. इलियट के हाथ से फिसल कर
'द वेस्ट लैंड' बहने लगती है मेरी शिराओं में
नदिया की तरह,
अतल गर्भ जिसका
बारिश की फुहारों से भीगा है
और गड़गड़ाते बादलों से आ रही हैं
मन्त्रविद्ध समवेत पुकारें
द द द इति दाम्यत (आत्म–नियन्त्रण)
दत्त (समर्पण)
दयध्वम् (करुणा)
ओऽम शान्तिः शान्तिः शान्तिः!

जन्म–जन्मान्तर की प्यास से बिंधा तन
आस में अकुलाने लगा एकाएक
अंजुरी बाँध जाती हूँ वहाँ
थर्रा जाती हूँ आकण्ठ–
रेत की नदी!
सूखी निष्प्राण रेत की नदी!
सरसरा कर बहने के निशान
ताज़ा कटे ज़ख़्म सरीखे
रिस रहे हैं जिस्म से अनेक!

आह! अमृत के चाव में गरल का कैसा वैभव विकराल!

"पलायन नहीं, मन्थन!
मन्थन है संघर्ष!
अनवरत! अविराम!
मन्थन प्रक्रिया है परिणाम नहीं
साँस की तरह अनथक
दिशाओं की तरह अनन्त!"

कवि ने झाँका है
मेरी ख़ौफ़ज़दा विस्फारित आँखों में
रुक गया है दिक्–काल जैसे सब वहाँ

रेत की सूखी नदी
ठिठकी टूटी रेतीली लहरों में
अवरुद्ध हैं नर्तन के गहरे लास्य
भरे हैं पत्थर काँटे वीरानियाँ
धू–धू जलते अलाव हैं वहाँ
प्यास से पपड़ाई जमीन
जैसे खरोंच कर पाताल
उतर गयी हो योजनों परत नीचे
रह गयी हैं मातम मनाती दरारें
गड्ढे और कँटीली वनस्पतियाँ
कुछ पिंजर कुछ कंकाल
मुसाफ़िरों ने आना छोड़ दिया है
और गिद्धों ने तलाश लिए हैं
लज़ीज़ मांस के नये ठौर!

नमी निगल कर रेत ने
रोक दिया है वक़्त
वक़्त ने काट दी है जिन्दगी की नस
बस साँय–साँय ध्वनियाँ हैं चहुँओर
हवाओं की उखड़ती साँस की साक्षी।

पानी के बिना हवाएँ भी नहीं रहेंगी जिन्दा
देर तक
जुगलबन्दी के दो पैरों के बिना
एक दिन भी नहीं चल पाती जिन्दगी।

झाग निकलने लगा है शेषनाग के मुँह से
श्रम–श्लथ देव और दानवों के बदन पर
छिटकने लगे हैं छींटे गरल के
बिसर कर सब्र और संयम
फुँफकारने लगा है आक्रोश
"कब तक?
कब तक परिणामविहीन मन्थन?
कहीं यातना का यह नया अचूक हथियार तो नहीं?"

मेरे ख़ौफ़ज़दा विस्फारित नेत्रों में
उतर आयी है छवि धीर प्रशान्त कवि की–
"रुको नहीं! करती रहो मन्थन!
बाँट लो अपने को दो में
फिर चार
फिर अनगिन
विस्तार करके अन्तःशक्तियों का,
अन्तस में पड़ी अलसा कर जो

क्षय ही करती हैं खुद का।
सर्वस्व देकर पूरना न आये
तो चलो, प्रतिपक्ष बन जाओ मेरा
मैं चलाता हूँ मथनी इस ओर
तुम खींच लेना डोर वहाँ
चलता रहे सामंजस्य का नर्तन
विपरीत में भी
विद्रूप में भी।

मन्थन में गति है
गति में समन्वय
समन्वय में विश्वास
पंडोरा के सन्दूक की गुह्यतम परतों से
ढूँढ़ लायेंगे नगीना आस का।
मिल जुलकर साथ–साथ!"

"मन्थन! मन्थन! अनवरत अविराम!
रुकते ही
बन जायेगा गरल अन्तिम फल धरा का,
रह जायेंगी अमिय की अशेष पोटलियां
क्षीरसागर की गहराइयों में ही
शेषनाग की गुँझलकों में नागमणि सी दमकती,
नहीं प्रवेश पा सकते जहाँ
भील–निषाद
वाल्मीकि या मामूली नर।

नारायण के निषिद्ध लोक का हर द्वार अभेद्य है
हर मार्ग भूलभुलैया

वहाँ सतत चौकस आँखों में
दहकाते हैं पहरेदार भट्टियाँ ज्वालामुखी की
और साँसों में ज़हर की लपलपाती सर्प–जिह्वाएँ।
सुरक्षा–चक्रों के बीच भीत नारायण
काँपता है सदा
शयन–मुद्रा में भी तमाम हथियारों से चाक चौबन्द।"

(2)

डूबती हूँ टी. एस. इलियट में
तो उबर आते हैं रहीम
'बिन पानी सब सून'

पानी की अर्थव्यंजनाओं में
जल की शीतलता नहीं रहती तब
न रहती है जल की तरलता मात्र
हया की आब से लेकर पीयूष के दुर्लभ कोश तक
दहाड़ते ज़ोर से लेकर कूटनीतियों के निबिड़ मौन तक
साँस से लेकर प्रकृति की निरन्तरता तक
स्फटिक–सा बहता पानी
बदल लेता है रंग
और आकार अपना
पात्र–कुपात्र की परवाह किये बिना।

'तीसरा विश्वयुद्ध पानी पर मिल्कियत को लेकर होगा'–
पेट्रोल के कुओं पर क़ब्ज़े से भड़की प्यास के बाद
चली आती हैं ताज़ातरीन मुनादियाँ
चेतावनी की पालकी में बैठ
रेशम के अस्तर में छुपा कर मिसाइलें बारूद की।

सद्दामों को नहीं दी जायेंगी तब फाँसियाँ
न ईदी अमीन को गढ़ कर प्रतीक बर्बरता का
प्रतिद्वन्द्वी के चेहरे पर पोस्टर–सा चिपकाया जायेगा
न रहीमों को कुचला जायेगा
हाथियों के पाँव तले
न चंगेज़–तैमूर उतरेंगे सड़क पर
लूट को अन्तिम अंजाम देने।
सीने में सीधे उतार दी जायेंगी गोलियां
हलक में दो घूँट पानी छुपाने वाले काफ़िरों के

ख़ौफ़ का सबक़ सिखाना सबसे बड़ा धर्मयुद्ध बन जायेगा।

चलती रहेंगी बातें अहिंसा की, सद्भावना की
बना कर अन्तरराष्ट्रीय संस्थाएँ शान्ति की
मानवाधिकार की,
मानने वाले मानते रहेंगे
हिन्दू धर्मशास्त्रों का विधान
ईश्वर जहाँ चतुर्भुज–सहस्रभुज होते हैं
हर हाथ में लिए रहते हैं
ज़माने भर के मारक हथियार।
संरक्षित की जाने वाली सन्त्रस्त प्रजातियाँ
बिल्कुल निहत्थी
प्रशिक्षित की जाती रहेंगी
नंगे सीने पर वार झेलने के लिए।

ईश्वर के षड्यन्त्र और सन्त्रास की सन्तान है मनुष्य!
ईश्वर जियस हो या इन्द्र

पहन कर दाता का लबादा
मनुष्य से ही माँगता है हविष्यान्न
बदले में तनी रहती है भृकुटि
और दमन के कई–कई जतन।
छीन लेता है पसीना उनका
चूस डालता है लहू
मनुष्य बनाता है आग
पकाने को अन्न
सेंकने को बदन
गर्माने को सम्बन्ध
खूँख़ार जानवर सरीखे ईश्वर से हो बेख़ौफ़
घूमता है जब प्रसन्न मन
दुनिया का कर्त्तार वह क़ब्ज़ा लेता है आग
मायावियों की फ़ौज भेज कर।

नाफ़रमानी पसन्द नहीं ईश्वर को
न कोई बलवा न दंगा
देवता की जमात से उठ आता है कोई प्रोमीथियस जब
बचा लेने साझा स्वत्व मनुष्य का
साझा स्वाभिमान
ताक़त के मद में कुचल देता है उसे
जैसे इन्द्र कुचलता है वृत्रासुर को।

(ताक़त के मद में ख़ौफ का पारा भी मिला रहता है अक्सर!)

दोनों भाई बाँट कर आधा–आधा ग्लोब
कुचल देते हैं सन्तोष का संवेग
आक्रोश का स्वर।

विप्लव का राग अलापती चेतना की आज़ाद रूहों से
भयभीत है ईश्वर
शयन–मुद्रा में भी रहता है तमाम हथियारों से चाक चौबन्द।

दोनों हैं मेघों के स्वामी
बादलों को पेट की अतल गहराइयों में कीलित कर
माँगते हैं हविष्यान्न सदा,
रक्तपिपासु रिक्तहस्त ईश्वर के पास से
लौट आती हैं सब पुकारें अनसुनी
गूँजती रहती हैं लेकिन रंगमहल में उनके सदा
वंशी की मृदु मधुर ध्वनि।

सचमुच लीलामय है ईश्वर!
अपरिभाषेय! अपौरुषेय!
अव्यक्त! और व्याप्त सर्वत्र!

(3)

गायत्री मन्त्र की तरह जपने लगती हूँ
अनुपम मिश्र का नाम
कि मेघ मल्हार बैजू बावरा के संग कुमुक बन कर
छुड़ा लाये बन्दी बादलों को
भर दें सब रिक्त जलाशय लबालब
आस्थावान नागरिक की तरह खुदवाये हैं जो हमने।

उत्साह को देखकर
उत्साह
भरता है पींगें उल्लास की
उल्लास में गुँथ जाती है

कर्मठता की ऊर्जा
सपनों का रंग गुलाबी।
स्तब्ध सिर धुनता टी. एस. इलियट
ऊर्जस्वित हो मेरे हुलास से
डुबकी लगाकर खींच लाता है
विश्व की तमाम सभ्यताएँ–संस्कृतियाँ
रेत की उस सूखी पथराई नदी में
पोंछ देता है उनकी रक्तरंजित रंजिशें
खोल देता है गिरहें नफ़रत की
सन्धि–वार्ता की मेज़ पर ले आ कर उन्हें
तोल देता है कुल परिसम्पत्तियाँ
देना–पावना उनका
समूचा ऋणात्मक–धनात्मक कोषागार।

लो!
(मैं परिणाम से पहले प्रतिक्रिया में नाचने लगी हूँ उन्मत्त!)
रेत के होंठों पर फूट पड़ेगी जलधार अब
उमड़ आयेंगे पशु–पाखी
वनस्पतियाँ लुकी–छिपी
चरवाहे और बंजारे
दरवेशों के दल
कारवाँ सौदागरों के,
आतंक में गहरे छुपी मछलियाँ
करने लगेंगी कलोल समुद्र की छाती पर
(गहरी राजदारी में कभी बताया था उन्होंने
दरकी ज़मीन की छवियाँ
आँखों में भर लेने पर
पानी के घर भी रेत से किरकिराने लगते हैं)।

उठ आये हैं सन्धि–वार्ता की मेज़ से
नुमाइन्दे सारी सभ्यताओं के
राष्ट्राध्यक्ष और शीर्ष अधिकारी मुख़ातिब हैं प्रेस से
चाशनी में लिथड़ी मुस्कान के साथ
दो अँगुलियों की 'वी' बनाकर
खिंचवाते हैं फ़ोटो आलीशान
'सुलझा ली हैं हमने सारी गुत्थियाँ
मनुष्य के लिए समर्पित हमारी सेवाएँ महान!'

लेकिन इलियट के चेहरे पर ये हवाइयाँ कैसी?

मैं सोचने से पहले
झटक देती हूँ सोच को
उत्सवधर्मिता के इस माहौल में
उत्सवप्रिय ईश्वरों के साथ
उत्सव के आनन्द को भर लेती हूँ अन्तड़ियों में
भूख के कण चिपके हैं जहाँ अपार।

नृत्य के आवर्तन में
घुल–मिल जाती हैं सब ध्वनियाँ
सब रंग सब आकार–प्रकार
सच में घुस कर झूठ
सत्य बन जाता है प्रखर
उन्माद का वहशीपन
ओढ़ लेता है मुखौटा विश्वास का
और तर्क को चाट कर भावुकता
हर अवसर को महारास का आयोजन बना देती है।
घुमेरियों का विक्षिप्त उन्माद

मूँद देता है सारी ज्ञानेन्द्रियाँ
हाथ पकड़ कर नचाता है जो मुझे
मैं उसी में तदाकार हो जाती हूँ।

पर सूखी रेतीली नदी में नहीं उमड़ी
पानी की धार हरहराकर
कहीं–कहीं झलकी हैं बूँदें कुछ
रेत के सुनहरे आवरण पर
चिपचिपे बदनुमा धब्बों की तरह।

'क्या है यह? क्या है?'
आश्वासन और उत्सव के दौरान
जो भीड़ उमड़ आयी थी नदी तट पर
एक–दूसरे के चेहरे पर पढ़ अपना सवाल
शब्दों को घोंट भीतर ताकती रही रेत निर्निमेष।
जीवित थीं जिनकी स्मृतियाँ
नथुने उनके फड़फड़ाने लगे
मुँदने लगीं पलकें ज्यों नशे में झूमते हों –
'पानी की बूँद जब
समागम करती है चिर तृषित मिट्टी से
ढाँपने को नर्म नाज़ुक परणाई लाज
फिज़ाँ में घोल देती है अवगुण्ठन
चन्दन–अगरु की बेसुध करती जादुई सुवास का।'

सुवास?
दुर्गन्ध उठ रही है यह तो
चीखा कोई भय से सिहर कर
अचानक लिसलिसे चकत्ते रेत के

चौड़े हो गये
फिर लगे वेग से दौड़ने होड़ लगाकर तड़ित से
आँखें जब तक दृश्य को भरतीं आँख में
बीत गया पल
रह गयी रेत में गुँथी रेत
छूटी हुई केंचुल की तरह।
सियार अलबत्ता सूँघते–सूँघते कुछ
आ निकले इधर ही
झुण्ड के झुण्ड!

अपशकुन! अपशकुन!
शब्द नहीं मौन बुदबुदाया है
बेदख़ल हुई घड़ी अचानक
थर्राहट समग्र को नापने का यन्त्र नया बन गया है।

ख़ून के चिपचिपे धब्बों को लेकर
दौड़ गयी थी जो कहीं
शर्मसार रेतीली नदी
लौट आयी है संत्रस्त अपराधिनी–सी
कल–कल छलकते पानी में
रक्त टपकाती लाशों का अम्बार लेकर
मानो काल के सँकरे वृत्त में फँस कर
पहुँच गयी हो सैंतालीस में
(चाहें तो प्रतिस्थापित कर सकते हैं दो हज़ार दो से इसे
या छाँट लें कैलेंडर से कोई भी मनपसन्द तिथि)
अमृतसर–लाहौर, लाहौर–अमृतसर
जिन्दा हुलसती इन्सानी आस पर
कफ़न ओढ़ा कर बर्बरता का

लाशों को यहाँ से वहाँ
वहाँ से यहाँ ढो रही हो वतन की ज़मीन देने,
मानो जलावतन की पीड़ा ही
दुनिया का सबसे बड़ा शोक है
हिंसा नहीं अपराध जघन्यतम
वह तो आक्रोश की तात्कालिक प्रक्रिया भर है।

उमड़ आया है तमाम नदियों का जल
उन अनाम लाशों का तर्पण करने
खूँद कर जिन्हें सियारों ने रेत की ऊपरी परत से
उघाड़ दी है ईश्वर की शर्म।

हम सब के कण्ठ में प्यास के काँटे फड़फड़ाने लगे हैं।

जल है
पर जल नहीं
कॉलरिज का बूढ़ा जहाज़ी
बड़बड़ा रहा है बार–बार सदियों के पार
'वॉटर वॉटर एव्री व्हेयर, नॉर एनी ड्रॉप टू ड्रिंक।'

अपने–अपने एयर कंडीशंड क्षीरसागर में
विश्राम कर रहे हैं ईश्वर
छोटे–बड़े तमाम
विपुल ऐश्वर्य के अतुल स्वामी
दरबार–ए–ख़ास सजाते हैं आसमान में
शयन करने पाताल की गहराइयों में जाते हैं
दिन भर खेलते हैं शिकार
–शिकार के जनूनी वे–

धरती की शिकारगाह पर
उन्माद में थिरकते हुए,
मनुष्य के लिए इंच भर जगह नहीं छोड़ते
अपनी मर्ज़ी से चलने–जीने के लिए।

नहीं पहुँचती आर्त्त पुकार कानों में उनके
नहीं दौड़ते वे नंगे पैर
भोजन की थाली से उठ कर
निर्बल का हाथ गहने
गढ़वा ली जाती हैं भावुक कीर्ति–कथाएँ
भाड़े के भाट–चारणों से
उनके अद्भुत औदार्य और शौर्य अभियानों की
(भावुकता से निचोड़ कर विवेक का कण–कण
मूर्ख विश्वसनीयता का भूसा
भर दिया जाता है अपरिमित)
भविष्य की पीढ़ियों को सुनाने के लिए
ताकि सनद रहे
(सुनाने का लक्ष्य संवाद नहीं, थर्राना है
शक्ति प्रदर्शन का नायाब औज़ार)

कॉलरिज का बूढ़ा नाविक गुहार नहीं लगाता परित्राण की
मार्गदर्शक पाखी के वध के संत्रास में
तिल–तिल कल्मष दोहराता है अपने
अन्तःकरण की शुद्धि नहीं होती तब भी।

सत्ताधीशों–राष्ट्राध्यक्षों के जाने के बाद
परित्यक्त–सी सभ्यताएँ किंकर्तव्यविमूढ़
न पाकर ग्लोबल विलेज में कोई नया ठौर
इतिहास के पीले पन्नों में दुबकने लगीं जब

देखा उन्होंने समुद्री लहर की तरह
उच्छ्ल अटूट गतिशील
यह बूढ़ा जर्जर नाविक
पाखी की मृत देह को सूली की तरह टाँग गले में
खुद ईसा बन गया है

वृत्त में आ गयी वे चहुँओर बूढ़े ईसा के
करने लगीं प्रायश्चित्त
अपने हर उपहास और अपराध का
पाखण्ड और आत्ममुग्धता का
वहशत और दहशत का।
'समुद्र के गर्भ में नमक का खारा अ–पेय जल
क्या हमारे ही क्रमिक अपराधों ने उडेला है?'
सिर धुनती रहीं बार–बार –
जल है, पर जल नहीं
दूर तक, दिगन्त में
प्यास से दग्ध कण्ठ
बूँद पायें कहाँ से?

सीखी–रटी सारी प्रार्थनाएँ
समर्पित थीं ईश्वर को
हमने प्रार्थना में उठे हाथ गिरा दिये नीचे
फिर बाँध लिए मुट्ठी में
सीने पर कस कर
जहाँ भोर की उजली हँसी सा हौसला
चोंच में दबा कर प्रेम का पैग़ाम
उड़ने को व्याकुल है
सदियों से

सीने पर तनी तमाम शिलाएँ
ढहा दी हैं जतन से,
पखेरुओं के कलरव से
गूँज गया है आसमान
नन्हे बादल का टुकड़ा
डगमग डोलता शिशु–उछाह में
खिलखिला पड़ा अनायास,
हताशा के चरम को बींध
नवांकुर फूटता हो जैसे कोई।

नानी का चरखा

देखा मैंने
सूत में सूत की अनथक लम्बी पाँत पिरो कर
निकलता जा रहा है सूत
नानी के चरखे की घुमेरियाँ खाकर।

देखा रेशम की लच्छियों ने भी
सूई के सूराख़ में घिसट कर
कढ़ाई के बँधे फ़्रेम में
अनमन फूल–पत्तियाँ उकेरते हुए।

नज़रें मिलीं हठात्
दौड़ पड़ीं हम दोनों
हवाओं को पकड़ने
पत्तियों के बीच सरसराते हुए
पराग–कण बन कर।

फ़्रेम के दायरे के बाहर खड़ी उमंग
मिल गयी हमसे आकर
अब तीनों पकड़ एक–दूजे का हाथ
कात रही हैं मन
नर्तन की घुमेरियाँ हैं और आनन्द का सूत
लहरा रहा है अन्तरिक्ष तक।

चिनती हूँ रंगीन सीढ़ियाँ इश्क़ की

मुट्ठी में बाँध कर इन्द्रधनुष
पेड़ की डाल पर टाँग देती हूँ
मीठे गूदे से सराबोर फल सरीखा वह
इठला कर कूद जाता है
नदिया की गोद में
और धार को अर्पित कर तगाग बीज
दूर–दूर तक आस की फ़सलें सींचने लगता है

मैं अन्न से भरती हूँ खलिहान
वह दुबक कर मेरे आँचल में
निरखने लगता है आसमान
फिर हम चिनने लगते हैं
रंगीन सीढ़ियाँ इश्क़ की
काल के इस पार से उस पार तक।

ब्लैक-होल प्रजाति की सन्तानें

हम
नहीं पढ़ना चाहते किसी को
न ही सुनना।

पढ़ने से बनने लगते हैं नये नज़रिये
सुनने से पूर्वाग्रहों के सख़्त खोल में
पड़ जाती हैं दरारें।

टूट—फूट के बाद
मलबा उठाने की मेहनत
और
नयी तामीर की ज़हमत...
तौबा!!

हम सुरक्षित हैं
अपनी ही अवधारणाओं के बन्द खोल में
इसी में चलायमान है हमारी दुनिया
हमारे लोभ!

अव्वल दर्जे के खिलाड़ी हम
जानते हैं
दूसरों को अपनी दुनिया में
खींच लाने का हुनर।
हम सूर्य नहीं
ब्लैक–होल प्रजाति की सन्तानें हैं।

रुख़सती का पल

रुख़सती का पल
ज्यों पैर में गड़ी कील

चलने की मजबूरी
और न जाने की ज़िद के बीच
बूँद–बूँद टपकता लहू

टीसते घावों के संग
घिसटती हूँ दूर तक
पीछे से आती पुकार को
आँचल में बाँधने की सुध तलक नहीं।

वतन वापसी का पहला पन्ना

सब कुछ तो जाना–पहचाना है
मिलन की हिलोर
बिछोह की पीर
ख़ुशी के रंग
दर्द के दंश।

तर्क और उपदेश के घड़े भी भरे हैं ऊपर तक,
लबालब
फिलॉसफ़ाना अन्दाज़ के तो तेवर ही निराले।

फिर भी बिछुड़ने पर मन टूक–टूक होता है
इन्कार करूँ तो झूठ के कीचड़ में लिपटी शै बन जाऊँ।

जानती हूँ जिन्दगी का अर्थ है गति
टेढ़ी–मेढ़ी, झोल भरी गति
ठहराव तो अन्त है।
पूर्ण विराम।

तो जिन्दगी के कोष में नयी–नयी निधियाँ जोड़ने
यह जांबाज़ सिपाही
अपनी कर्मभूमि में तैनात है।

घर की खिड़की से झाँकते आसमान को,
आसमान को सुनहरी रंगत देती धूप को,
गमलों की चौहद्दी में रह कर
धूप से जीवनी–शक्ति खींचती
पर्यावरण को सींचती
हरियाली को
सौ–सौ सलाम।

घर घर ही होता है।
दो जगह हो जाये
तो अपने को अतिरिक्त क्लोन में ढाल कर
और उस क्लोन को
बारी–बारी यहाँ–वहाँ तैनात कर
एक साथ दोनों जगह होने का सुख पा लेना चाहती हूँ

न! द्विखण्डिता नहीं होती माँ।
चाहतों का सरोवर होती है, बस।
अपनी सीमाओं में असीम होने की चाहतों का सरोवर!!

सूरज और हवा

लो!
फिर हँस दिए तुम!
हँसी में खनक थोथे चने–सी।
साफ़ कर दिया इन्कार
औरतों से कैसा मुक़ाबला
हारे हुए को हराने में
न गौरव न उछाह!

तुम हो सूरज
उद्धत! अभिमानी! नूरानी!
कर्त्ता और करतार
चाल में तरन्नुम
और व्यक्तित्व में मणि की तरह दमकता आत्मविश्वास।

'मुझसे मुक़ाबला करोगे?'
सदियों के गलियारे में चहलक़दमी करते हुए
मैं कई हज़ारवीं बार दरख़्वास्त दोहराती हूँ
विनीत कातर भाव से नहीं
आँख में आँख डाल
नज़र में बाँध चुनौती की बर्छियाँ।

'आत्मबल का मानवीय सौन्दर्य!'
तुम्हारे अखण्ड मौन के बीच
कस कर भिंचे अधरों ने जो कहा
वे यही शब्द थे न!

मेरे पास चुनौतियों का चुग्गा है
बहेलिये का महीन अदृश्य जाल
खोने को कुछ न हो तो
हौसला दुस्साहस बन जाता है
और दुस्साहस सिर पर बँधा कफ़न।

तुम्हारे चेहरे पर तिर आयी है
हँसी की तिर्यक छाया
बड़प्पन की बर्फ़ीली क्रूरता में
मेरे अहमकपने को सबक़ सिखाने की झुँझलाहट है।

(देखती हूँ शिकार चुग्गे के बिल्कुल क़रीब आ गया है!)

'सूरज–हवा का पुराना खेल खेलें?'
तुमने उपकृत किया मुझे
मानो आजिज़ आ गये हो मेरी बदनुमा उपस्थिति से।

तुम्हारे पास स्मृतियों का जख़ीरा है
स्मृतियों में बुलबुल की तरह चहकती हैं विजय–गाथाएँ
और माथे पर सजे हैं कर्त्तार होने के मुकुट।

मैं आसमान फोड़ ठहाका लगाती हूँ मन–ही–मन
'ठीक!'

(शिकार जाल में फँस गया है, पर जानता नहीं
क़ालीन सरीखी बिछी जाल की डोरियों में उलझ कर
वह जी भर जितना चाहे नाच ले
मेरे चतुर चंगुल से मुक्त नहीं हो पायेगा।)

शर्त बदलती हूँ ज़रा सी
'कोट उतरवाने के लिए
मुसाफ़िर को सताने में क्या कौशल?
चलो, बियाबान में अपनी ही उम्र से काँपते
उस बूढ़े पेड़ को उखाड़ फेंकते हैं
जड़ समेत!'

तुमने हाँ कर दी है आदत के मुताबिक़
बिना पूरी बात सुने
बात के अर्थ गहे।
इस बार मैं सचमुच विनय से दुहरी हुई–
'तुम्हीं पहली चाल चलो न!
जीतोगे ही तुम
तो क्यों मैं वृथा ज़ोर लगाऊँ
हाँफूँ
और फिर हार पर आँसू बहाऊँ'।

तुम्हारी फूली देह पर
फुलावट की कई–कई परतें और चढ़ आयीं।
'ठीक!'

तुमने खोल दिया है ख़ज़ाने का मुँह
भर–भर कर बाल्टियाँ तेज़ की

ताप की
प्रचण्ड दाहक आग की
उँडेलते रहे पेड़ पर

झुलस गयीं पत्तियाँ कोंपलें पनाह लेते पंछी
जड़ों में साँस लेती चींटियाँ केंचुए कीड़े
भरभरा गया तना और
मद्धम चीत्कारों के साथ
ढह गया जिन्दगी का आशियाना।

तुम्हारा दहकता लाल ताप
बुझ गया मानो उसी पल
और राख की हल्की कालिख की नाईं
फैल गया दिशाओं में
मानो ढिंढोरची हो तुम्हारे पराभव का।

दम्भ में हार कर
सुनिश्चित की तुमने मेरी जीत
मुझे तो बस अब उन्मत्त नाचना था
नाटक का पटाक्षेप करने के लिए।

मैं
रचयिता इस दृश्य की
चाहती तो बुला कर सीता गार्गी द्रौपदी
पुष्प–वर्षा करा सकती थी निरभ्र आसमान से
और साक्षी मान ब्रह्माण्ड को
सूरज के सिर का मुकुट उतार
अपना अभिषेक कर सकती थी।

पर क्यों करूँ देवताओं की परिपाटी का अनुसरण?
मैं कल्पनाविहीन खोखली परछाई नहीं
साक्षात् अनिल हूँ–स्पन्दित और स्वप्नशील
जीवनदायिनी प्रकृति की।

चाहती हूँ खींच दूँ लम्बी तरल लकीर प्रेम की
अन्याय और दमन की अग्निलीकों के समानान्तर
नदी की तरह सरसरा कर
दौड़ती फिरें जो सारी वसुन्धरा पर।

मुकुट को उछाल कर ब्रह्माण्ड के नीले विस्तार में कौतुक से
समन्दर की गहराइयों में दफ़न कर दिया मैंने
और केशों में फिरा कर नरम उँगलियाँ
रूठे सूरज के माथे पर चुम्बन जड़ दिया है

लो! विसर्जित करती हूँ जय–पराजय
दीनता और अहंकार
ग्रन्थियाँ और तिरस्कार
देती हूँ तुम्हें अपनी गति
चपलता और उत्साह
होंठों में भर कर होंठ
सीने में प्राण फूँक देने का चाव।
पूर्ण में से पूर्ण देकर भी
जो शेष रहता है व्यापार में
वह घाटे का सौदा नहीं
पूर्णता का यही अक्षय अमृत घट है।

विचलित समय

झूठ जब सच को निगलने लगता है
और युधिष्ठिर के प्राणों में बची रह जाती है
बस अन्तिम धड़कन शेष
इकलौता झूठ बोलने के पुण्य प्रताप से

तब हवाओं में जलने लगती हैं
नरक की भट्ठियाँ
और पैरों तले की ज़मीन
दलदल में तब्दील हो जाती है

भूलकर अपने नागरिक अधिकार
हम लोकतन्त्र को क़ीमती धरोहर–सा
तहखानों में बन्द कर आते हैं
और बजाने लगते हैं ढोल मंजीरे झाल
किसी गुमशुदा ईश्वर को पुकारते हुए
जो राम का मुखौटा पहन
ख़ुद बन बैठा है जानलेवा राजनीतिक हथियार।

यह विचलित कर देने वाला समय है।
यह तमाम विचलनों के बीच
कमर कस कर खड़ा होने का समय है।

सूरदास नहीं थे स्त्री

सूरदास
नहीं थे स्त्री!

थे एकोऽहम की अपौरुषेय सत्ता के गायक!
और शायद पुजारी भी
कह दिया निःशंक निर्द्वन्द्व बेधड़क
ऊधो मन नाहीं दस बीस

न, मनुष्य भी नहीं थे सूर!
एकोऽहम का अलख जगाता स्वर
निष्ठा को बना कर आँख की पुतली
हो जाता है एक दिन
एकोऽहम का ठस्स दम्भी आतंक

बहुत आसान है 'एक' का हो जाना
न द्वन्द्व न प्रत्याशा
न सतरंगी सपनों में खुलती पनाहगाहों में
मछलियों–सी मचलती हसरतों को
थामने की मृदुताएँ
न धूसर जड़ रूठी बैठी सड़क के किसी धूमिल मोड़ पर
यकबयक छूट कर गुम हो जाने की दुश्चिन्ताएँ।

'एक' के मज़बूत हाथ में है
दो आँखों की रखवाली
दिशाओं के मुँदे कपाटों वाली निर्जन हवेलियां
घड़ी की टिक–टिक की तरह
अपने ही काँटों में उलझ कर
चहकने की बाड़ाबन्द छटपटाहटें।

लेकिन
गोपियाँ तो स्त्रियाँ हैं न!
एक के ऊपर एक कितने ही मटके रख
चलती हैं जब पनघट की ओर
पूरी नदियों का जल
बेचैन हो जाता है उन मटकों में सिमट आने को
फिर उतर कर आँखों में
देह में समा जाता है
अमृत बन कर अंकुरा जाते हैं सपने
सूनी हवेलियों के कील जड़ित कपाट
सीढ़ी बन कर जा मिलते हैं अन्तरिक्ष से।

उस अछोर विस्तार के नीरव कोलाहल में तब
खुल जाती है पोटली
कितने–कितने तो मन हैं उस पोटली में
ऊन के गोलों से फुदकते ख़रगोश–मन
रेशम की लच्छियों सी लहराती ब्रीड़ाओं से
उमगते–सिहरते सिन्दूरी मन
धान के सटे–सटे नरम कान से मन।

हर मन एक दुनिया!
विशाल!

बचपन का वह बुद्धू–सा छौना
फूली–फूली देह में लाल–लाल होंठ सिकोड़
रो देता था चुहल पर
तो कैसे हँसती थी मैं
चटख चटकीली पीली तितली ज्यों
मण्डरा रही हो सुर्ख़ गुलाब पर।

और तरुणाई का वह छैला
नरम रूई–सी उगी रोएँदार मसें...
कैसी तलब उठती है अब भी
कि छू लूँ उन्हें
और मुट्ठी में भर उस बित्ता भर सपाट जंगल को
होंठों के ऊपर उगा लूँ अपने
फिर नथुनों में भर कर मीठी साँस
धौंकनी की तरह फूँकती रहूँ उसके फेफड़े।

और ब्याह से पहले का वह लंम्बू गोरा
खेल के मैदान में
गेंद को कालिय नाग–सा मथता

ब्याह के बाद?

सखी हौले से थाम लेती है
झिझक कर सिन्दूरी हुई पोटली
भरा है उसमें फुसफुसाहटों का कलरव
लुकाछिपी का मदहोश स्वाँग
तवे पर रोटी पलटते–पलटते
सिहर गयी गरदन की नस

उत्तप्त होंठों की प्रतीक्षा में
जैसे फड़क उठता है तन का अंग–प्रत्यंग

धड़कन के रंग और प्राण के कण्ठ
मन की सुरंगों में खुलती अगणित पगडंडियों पर
सौध बना लिया करते हैं अनगिन

सौध!
मन्दिर नहीं!
देवता नहीं बसते जहाँ
सहचर रहते हैं
अपलक आँख में आँख डाल
निहारते स्वयं को
पूरते युग्म को।

बाँकपन नये की तरेर का

वक़्त के साथ बदल जाता है बहुत कुछ
चेहरा क़द रंग रिश्ते
और भरा–पूरा इन्सान भी
ऋतुओं की तरह बदल जाती हैं चीज़ें
फिर लौटती नहीं ऋतुओं की तरह एक दिन दबे पाँव
गुमशुदगी की रिपोर्ट टँगी ही रहती है थानों में
डुगडुगी बजा कर भालू–बन्दर नचाते मदारी
रस्सी पर चलते नट
अँधे कुएँ में घुरघुराती मोटरसाइकिलें
सर्कस के रिंगमास्टर
आग में कूदते शेर
नहीं दिखतीं पनिहारनें कहीं, न मनिहारनें
छुई–मुई स्त्रियाँ भी उड़ गयी हैं भाप बन कर।

कवियों की क़लम बिलख उठती है
रूमानियत न हो तो जीने का स्वाद ही क्या
तभी खिड़की के सींखचों से टकराती है बेबस गौरैया
उसाँस भर कर क़लम
गढ़ने लगती है तस्वीर औरत की
उसी दम पन्ने की फड़फड़ाहट में
दौड़ जाती है बाघिन की दहाड़

और कवि के लरजते हाथ से
छूट जाती है क़लम।

अच्छा है कुछ चीज़ें लौट कर नहीं आतीं
नये की तरेर का बाँकपन
क्या कम रूमानी है!

कवि से अनुरोध

क्या आपने सुना कभी
किसी पुरुष कवि की कविता सराहने के बाद
कहा हो किसी ने–
बहुत हुए दुनिया के झगड़े–टंटे
साम्यवाद की वापसी के सपने
दक्षिणपन्थी विचारधारा को आड़े हाथों लेने के पैंतरे
भ्रष्टाचार की बातें
उपदेशों के करघे
धूप सेंकती स्त्रियों के चित्र
या ऊँघते बूढ़ों की झुर्रियों में गुँथे दुख

वल्लाह! बेहद ख़ूबसूरत आँकते हैं आप
मार्मिक और बिम्बात्मक
कि अख़बार की ख़बरें
अँधेरी सुरंगों और भड़कीली कसीदाकारी के साथ
चली आती हैं क़तारबद्ध
आपकी कविताओं में

लेकिन बस एक बार
कपाट खोल कर अन्तस् के
उतर जायें आप तलघर में अपने

और बीन लायें
वहाँ पलते कचरे के ढेर से
कुछ मोती कुछ माणिक
कि कभी पढ़ूँ तो पाऊँ
दुधमुँहे बच्चे को दुलारते हुए यशोदा बन गये हैं आप
और पत्नी के केशों में वेणी गूँथते हुए
दुष्यन्त को फटकने भी नहीं देते पास
कभी देखूँ
समर्पण सेवा त्याग
संयम और धीरज अपार
पुरुष के वेश में कैसे फबते हैं

बहुत हुआ बाहर–बाहर का बाहरी दीदार
एक बार खोल ही डालिए न अन्तर्मन के द्वार
बिना किसी संकोच डर वर्जना के
जैसे खोलती हैं स्त्रियाँ।

नहीं कहा न कभी किसी ने!
कहा भी नहीं जायेगा आगे सदियों तक
बस, स्त्रियाँ ही कोंची जाती रहेंगी बार–बार
यह लिखने पर
वह लिखने पर भी।

संवाद और तकरार

निर्जन टापुओं में विचरते हुए
किसी बहुत अपने से
संवाद का विचार मन को भाने लगता है
लम्बे अरसे के एकान्तवास के बाद।

क़दमों में बहकने लगती है तरंगें
जिह्वा में पनीली धाराएँ
दिमाग़ की कँटीली झाड़ियों में
अचानक रूई का सफ़ेद फूल खिल जाता है।

हम अपने–अपने ठिकानों से
कूच करते हैं मैदान की ओर
समन्दर का नमकीन विस्तार पार कर।
धिक्कारता है अपना आदिम अर्धनग्न वेश
कि तलवारें निकाल गुत्थमगुत्था न हुए होते,
कि जान लेने के वहशीपन में
जान बचाने को मजबूर न हुए होते
तो इक्कीसवीं सदी में
बनैले जानवर की तरह न घुसते।

(देर आयद दुरुस्त आयद!
हम अपनी शर्म को
सूक्तियों की सुनहरी चादर से ढाँप कर
उड़ने लगते हैं पेट अघाये बगुले की तरह)।

हमारे हाथ में है मिठास की पुड़िया
समन्दर के अँजुरी भर नमक के बदले
अपनी–अपनी राह चलते
ख़रीदी है जो जल देवता से।

हाँ, वरुण देव!
हम मानेंगे तुम्हारी बात!
न दम्भ न अहं!
न नसीहत न उपदेश!
न पूर्वाग्रह न प्रचार!
न झूठ न विश्वासघात!
न! न!
संवाद को नहीं बनने देंगे तकरार!!
वादा! पक्का वादा!!
भीष्म पितामह के वंशज हम
'प्राण जाये पर वचन न जाये' परम्परा के महापूजक
हम!!

हमारे क़दमों में लौट आयी है लय
लय में फ़ौजी अनुशासन
अनुशासन में नियम
नियमों में सख़्ती

सख़्ती की सीप में छुप कर बैठा अहं।
(भीतर ही भीतर कहीं दरक भी रहा है विश्वास
लेकिन ऑफ द रिकॉर्ड है यह बात)

भीतर बजते संगीत में
गुर्राने लगता है कोई काला रीछ
मानस गन्ध! मानस गन्ध!
बरसों नींद में गाफ़िल दैत्य
अचानक अँगड़ाई ले उठने लगता है
तितलियों को काँख में छुपा
घोंसलों में जा दुबकती हैं चिड़ियाँ।

मैदान में बेतरतीब उगी जंगली घास
अचानक सिकुड़ कर रास्ता देने लगती है,
चीलों का झुण्ड
पेड़ की सबसे ऊँची डाल पर
पत्तों की ओट में मुँह छुपाने लगता है।
और हमारा तना गात
आसमान की नीलाइयों को
माथे पर धारण करने के दम्भ में
दमकने लगता है।

छपाक! छपाक!!
हमारे पैर
ताज़ा लहू के गड्ढे में जा गिरे हैं
(औंधे मुँह ज़मीन पर नहीं गिरे, यही क्या कम है)
लहू गड्ढे से निकलकर आँखों में चूने लगता है
हाथों की शिराएँ तन जाती हैं भाले–सी नुकीली

और इन सारे अपशकुनों के लिए
पिछली मर्तबा
संवाद को तकरार में ढालने का आरोप लगा कर
एक–दूसरे पर झपटने लगते हैं हम।

संसार की सर्वाधिक दुस्साध्य कला है संवाद!
संसार में सबसे आसान कौशल है तकरार!!
टप–टप लहू में तरबतर सुर्ख़ तकरार!!!
लहू में रंग भी है और स्वाद भी
प्यास भी है और तृप्ति भी।
लहू ही ज़िन्दगी है और बहादुरी भी।

हम नहीं जेल की कोठरियों के बन्दी

हम नहीं जेल की कोठरियों के बन्दी
हवेली के खचाखच भरे आँगन में
ठुँसी आकृतियाँ हैं

रात के अँधेरों में करते हैं कानाफूसियाँ
दिन के उजालों में
कसीदे पढ़ते हैं

सुबह–साँझ की हाज़िरी के दौरान
धकिया कर सबको
आगे हो निकल रहते हैं।
आरती का थाल
हाथ में नहीं तो क्या
ज़ुबां पर
मन्दिर का देवता बना देने का हुनर रखते हैं

हम लेखक
कालिगुला के ज़माने से
चाटते आये हैं अपनी ही लिखी इबारत
हाजी मस्तान के गिरोह में शामिल हो अब
सरकार बनने की ऐषणा पालते हैं।
पढ़ना कब का छोड़ चुके हम
गुनना??
नहीं जानते किस चिड़िया का नाम है यह।

सूचना नहीं है ज्ञान

ज्ञान
अन्तःप्रज्ञा को प्रदीप्त करने वाली
सतत साधनारत लौ न बन पाये
तो उकता कर
बाज़ार की मृगतृष्णाओं में मुँह मारने लगता है
फिर अहेरी बाबा के अदृश्य जाल में फँस
चुग्गा फेंकने वालों का तोता हो जाता है।
दम तोड़ता है जब वह
जाल में फड़फड़ाकर
अन्तिम संस्कार की
भावभीनी विदाई भी नहीं पाता
सूचना की तरह फेंक दिया जाता है
भींच–फाड़ कर
रद्दी के ग़लीज़ दमघोंटू संसार में।

स्खलन की रपटीली ढलानों पर
सँभलने के लिए सहारे भी नहीं गड़े होते।

अच्छे दिनों की माया

उन दिनों भूख का स्वाद
रोटी की सलोनी गन्ध में बसता था
खेत में लहलहाती थीं बालियाँ तब
और हवाओं में इश्क़ की बूँदें सरसराती थीं

गुज़रे ज़माने की बात है यह!

भूख ने बदल लिया है चोला अब
पा ली हैं नयी स्वादेन्द्रियाँ
मीडास का हाज़मा दुरुस्त है बहुत ख़ूब
निगलता है सोने की रोटियाँ ठूँस कर
बारूदी बोलियों की चटनी के साथ

खेतों को बंजर होना ही था नये निज़ाम में तब!

इश्क़ के फ़रियादी खेत
बन कर रह गये मुड़ी–तुड़ी सी गठरियाँ
राजधानी के कीलित प्रवेश द्वार पर,
राजा की जूठन से हुलसाई प्रजा की जीभ में

रोटी नहीं ख़ून का स्वाद घुलने लगा है
आहिस्ता–आहिस्ता।
यह अदृश्य कर दिये गये दृश्यों पर
कीर्तनिया उन्माद सजाने का समय है!

हाँ, यह अच्छे दिनों की माया है!!

कोयल कूकी

फिर कहीं कोई कोयल कूकी
बौरों से लद गयीं सूखी अमराइयाँ
मूर्च्छा का मोहपाश तोड़कर
बहक चलीं हवाएँ अबाध
बर्फ़ीले कफ़न से ढके ताल के कूल पर
सिर पटक मनाते मनाते हंस
एकाग्र हुए अचानक
अलगाने लगे समुद्र भर झूठ से
दो बूँद सच!
भोर हुई मानो कोयल की कूक से
मुर्ग़े अलबत्त चिकन बॉयलर में
पड़े रहे अचेत!

तोपों के साये में ऊँघते सन्नाटे
डगमगा गये फ़ौजी बूटों की हलचल से
मशीनें लगीं दौड़ने बदहवास
चिमनियों के धुएँ में घुल गयी विषैली साँस
कि आँच–सा दमकता सूरज भी
धुँधला गया कोयला होकर
मुँडेरों पर आ बैठे हैं झुण्ड के झुण्ड कौवे
काँव–काँव के शोर से
अंतःकर्णों को बहरा करते
कोयल कूकती रही निर्विकार!

रंग में महज़ रंग नहीं

इन्द्रधनुष में
अलग–अलग रंग
तरल और साँस लेते हुए
गुत्थमगुत्था इस तरह कि
अपनी अलबेली शै पर मुस्करा कर अभिमान से
हाथ थाम दूसरे को पखारते हों
(और इस तरह सब के वजूद का विस्तार करते हों)

न हों इन्द्रधनुष में रंग इस तरह
अलग–अलग और जुड़े हुए
तो इन्द्रधनुष ही न रहे वह
धनुष की प्रचण्ड प्रत्यंचा की तरह तन कर
संहार करता फिरे दिन–रात
उद्धत अभिमानी क्रूर सिपहसालार–सा
तूणीर में तीर नहीं
तीर से बिंध कर जख़्मी हो गये साम्राज्य
लिए घूमता है जो।

रंग में महज़ रंग नहीं
धड़कता है अन्तरिक्ष नीला दुशाला ओढ़ कर
टँके हैं चाँद सितारे आकाशगंगाएँ

हुलस–हुलस कर झाँकते हैं नीचे
प्रतिबिम्ब देखने सागर में
नीला है जो उनके नीले दुशाले–सा
चाँद सितारे मग्न मन तैरते हैं
नौका और जहाज़ बन कर
आकाशगंगाओं में बस जाती हैं बस्तियाँ
मछलियाँ सीपियाँ शंख और घोंघे
लुका–छिपी खेलते जा छुपते हैं
साँस रोके खड़े स्तब्ध रुँधे टाइटैनिक जहाज़ में
कभी सीना तान कर अड़े
मूँगे के नक़ली संग्रहालय में
स्मारक–सा जिसे सागर के जिस्म में घोंप दिया है इन्सान ने
अपनी उन्मत्त विजय का बिगुल बजाते हुए।

रंग में महज़ रंग नहीं
दरियाओं का पानी है
फलों का आसव है, जंगलों की सघन प्रशान्ति
झूमती हरियाली का मृदु राग है ऐसा
कि रेगिस्तान भी आह भरकर टेरने लगता है बादल
और अपनी दरिद्रता पर लज्जित वे आवारा मेघ
जब करुण विवशता में रो देते हैं दो बूँद आँसू
नियामत की तरह थाम अपनी कोख में
तपती बालू उगा लेती है खेजड़ियाँ
कि प्यास और तृप्ति के बीच
साँस और आस की आवाजाही के लिए
जितना भर ज़रूरी है लेकर
चलती रहे जिजीविषा
ढाँपती रहे शर्म अपनी
पोसती रहे बड़प्पन दूसरे का।

धनुष की रखवाली करता भयभीत बादशाही आतंक
जानता ही नहीं
रंगों की इबादत में महकती है कायनात
खेत जोतती पसीने की लकीरें
कविता में मनुष्य को रचती तदबीरें।
परिन्दों सरीखी बच्चों की निर्दोष चहचहाहटें
अलबत्ता खुद–ब–खुद बन जाती है इन्द्रधनुष।

ग़लतफ़हमियाँ

तपती रेत पर चलती जा रही हूँ
अब तो पैरों में छाले भी नहीं पड़ते।

लौटने को राह नहीं
रुकने की मनाही है
मजबूरियाँ
साधना का मुखौटा पहन
सबको लुभा रही हैं।

आँसुओं से लहूलुहान आँखों के निशान
पीठ पर नहीं बनते
ग़लतफ़हमियों के पंख
पैर न होने की वजह से
इसी तरह हवा में फरफराया करते हैं।

सत्ता से संवाद

घड़ी की छोटी–सी परिधि में घूमती
तीन छोटी–बड़ी सूइयाँ
स्थिर नहीं रह पातीं पल भर भी
टक–टक–टक सधी सन्तुलित लय–ताल में
घूम–घूम कर बदलती हैं जगह और कोण
बदल देती हैं आकाश में ग्रहों–नक्षत्रों की स्थिति
पुराने पड़ जाते हैं चिकने रंगीन कैलेंडरों पर छपे देवता
नींद और जाग का दिलफरेब जादू फेंक
चिन्दी–चिन्दी कर डालती हैं इन्सान का गुमान सर्वशक्तिमान होकर
पूरे ब्रह्माण्ड को उंगली पर नचाने का

नन्हे–नन्हे टुकड़ों में कटा वक़्त
गुनहगार–सा खड़ा रहता है उसकी मजलिस में हाथ बाँध
वह सभ्यताओं को फलने–फूलने का आशीर्वाद देकर
चुपके से नंगी दीवारों पर
ढहे हुए साम्राज्यों की ख़ाक का
डिठौना भी लगा आती है।

जब चलना ज़िन्दगी है
और बदलना साँसों की गति
तो मैं भी बदलती हूँ कोण और दिशाएँ सारी

रिश्तों में होती हूँ गर्क अन्दर तक
और बींध कर जटिल व्यूह उनका
निकल आती हूँ बाहर सुरक्षित
अनुभव जला देते हैं शास्त्र
स्मृतियों की इबारतों में
मनु जैसी धूर्तताएँ नहीं रहतीं।

जब सब कुछ बदल रहा है
तो छोड़ कर केंचुल साँप की तरह
धारण कर लेती हूँ नयी देह
पिता को ख़ारिज करती हूँ पिता की जगह से
पिता–पद की गुरुता के क़ाबिल
किसी घनी छाँह की तलाश में निकल पड़ती हूँ।

यह मेरा विद्रोह नहीं पिता से
चेतावनी में छिपी पुकार है
कि दो क़दम चल कर अपनी सुरंग से
सूरज का प्रकाश भी देख लें
महसूस लें ताज़ा हवा के झकोरे
नफ़रत की कड़वाहट से सनी ज़ुबान पर
टपका लें अमृत फल रस का।

जड़ हो कर सूखना
और सूख कर पुर्ज़ा–पुर्ज़ा बिखर जाना
जीवन की सबसे बड़ी पराजय है।

शिलालेख है माँ

माँ
मेरी ज़िंदगी का आमफहम पन्ना नहीं
सदियों की यात्रा का शिलालेख है
खुदी हैं जिस पर आचार–संहिताएँ
वर्जनाओं और क्रूरताओं की
शास्त्र हैं अनेक, निबद्ध हैं जिनमें
स्तुतियाँ खुशामदें और दमन की मनोहारी लीपापोतियाँ

मीलों वीरान रास्ते पर
मौसम की मार झेल कर खड़ा है वह शिलालेख
आँधियों का डटकर मुक़ाबला किया है उसने
पाताल तक धँसा कर जड़ें जिजीविषा की
क़हर बरसाती बारिशों को बाँध लिया है आँचल में
जहाँ ढेरों ढेर जंगल समाये हैं
अपनी तमाम बनैली हरियाली के साथ

माँ की कातरताओं ने
पोंछ डाली है शिलालेख की दमकती इबारत
वहाँ कहीं खिंच गयी हैं
कुछ लकीरें कुछ बिन्दु
आयतें और त्रिभुज

वृत्त को काटती कुछ हठीली रेखाएँ
माँ के अनुभव का इतिहास हैं ये
जल है जिसमें खारा
और जल को अग्नि प्रलय बना लेने का जज़्बा भी
सृष्टि टिकी है अभी अपनी धुरी पर
मानकर अनुदेश गुरुत्वाकर्षण के
चलती है सिधाई चाल पर
अग्नि–प्रलय को छुपाकर रखती है पत्तों के दोने में
कि छिटक गयी एक भी चिंगारी बाहर
धू–धू जल जायेंगी तमाम ख़ुराफ़ातें
साम्राज्यवादियों के दम्भ
इतिहास की दमकती श्रृंखलाएँ
रह जायेगा केवल वह धूसर शिलालेख
पाताल से आसमान तक
अपनी अकिंचनता में दृढ़ता का कलरव बुनता।

माँ की चित्रलिपि को नहीं पढ़ पाते बेटे
वह बेटियों की हूक में
अपने को अक्षर–अक्षर बुनते
सुलगती रहती है सदी से सदी तक।

निष्कासन

उस रात सपने में
रोज़ की तरह
चक्करदार गलियों के चक्कर काटते हुए
मैंने ख़ुद को नहीं थकाया
अन्तहीन सुरंगों में खुलती गलियों को बींध कर
चौड़े खुले चौराहे पर निकल आयी
सूरज दमकता था एक ओर जहाँ
दूसरी ओर हमजोली तारों के संग
हँसी की चाँदनी छिटकाता था चाँद
मैंने निर्बन्ध हवा में साँसें लीं भरपूर
और अँगड़ाई में उठी दोनों बाँहों में
थाम लिया आसमान का चँदोवा।

चँदोवे के नीचे छन गया अचानक मण्डप ब्याह का
मेरा ब्याह!
कोई पैंतीस बरस छोटा मेरा चेहरा युवा
और दूल्हा?
बहुत उझक कर झाँका
सेहरे की लड़ियों में गुम चेहरा उसका
रहा अनपहचाना ही।

फिर एक फोन कॉल आयी
भाई की–
'ऊपर आओ, तुरन्त
मण्डप में जाने से पहले।'

ऊपर अदालत सजी थी
तीनों भाई, पिता और बस्ती–बिरादरी के पंच
हाँ, माँ भी।
'क्या अनाप–शनाप लिखती हो तमाम?'
'दिमाग़ बहुत ख़राब हो गया है तुम्हारा?'
'मुँह दिखाने लायक नहीं रहे हम।'
'लिखने से पहले इजाज़त ली हमारी?'
'कुफ्र जीती हैं लड़कियाँ आजकल,
कुफ्र रचती हैं बेहया।'
'बस चले तो गोली मार दूँ माथे के बीचोबीच।'

धाँय! धाँय! बन्दूकों से छर्रे झरने लगे
वधू वेश में थी मैं
दहल गयी सर्वांग!
पल्लू ढरक गया कंधे से
और दुहराने लगी अपराधिनी–सी
सार–तत्व उन सब किताबों का
जो सपने से बाहर लिख चुकी थी अब तलक
जिन्हें लिखने का सपना अब भी धड़कता है दिल में
प्राण बन कर।
सोचती रही
आज़ादख़्याली का
जो बिरवा बोया था पिता ने भीतर

क्या वही सीढ़ियाँ चढ़ कर ज़िद्दी पैरों के साथ
कुफ्र बन जाया करता है।

'चुपचाप ब्याह करो और हो जाओ दफा यहाँ से,
जिन्दा रहना है तो।'
'मुँह नहीं दिखलाना कभी, रिश्ता ख़त्म।'
दया और मोहलतों ने बघनखे पहन लिए दरिन्दगी के।
मैंने ताका माँ की ओर
आस की डोरी के नीचे रुलाई का समन्दर ठाठें मारता था अनवरत।
माँ की आँखों में सूनापन था स्लेटी आसमान जितना
होंठों पर थरथराहट
मैं खूँटे से बँधने के लिए गाय की तरह रँभाने लगी
'मुझे माफ़ कर दो'—कहना चाहती थी
'लौट कर आऊँ तो दरवाज़े खुले मिलेंगे कभी?' पूछा बस यही।
माँ ने पल भर में नाप लिए सब युग—कल्प,
ठहर गयीं सब घड़ियाँ, दुबक गयीं हवाएँ
फिर होंठ खोल आज़ाद कर दिया उन्हें
'नहीं! लौटने के लिए कुछ नहीं यहाँ।'

'बियाबानों में जिन्दगी ढूँढ़ती हैं मृगतृष्णाएँ।
खदेड़ दिये जाने पर लौटती नहीं लहरें पीछे,
बढ़ती हैं आगे अंजाम की परवाह किये बिना।
शोक मनाती हैं मुँह चुराती कायरताएँ,
वरना मौत भी ठहर कर
शोक मनाने का शगल नहीं पालती।'

कैसी विदाई थी उस ब्याह की
कि गले मिल कर रोने की रस्म भी नहीं निभाई हमने।

अलार्म की घनघनाहट के साथ
जब से लौटी हूँ बिस्तर पर
देख रही हूँ सपने की डोरियों में बँधी देह
लेना चाहती हूँ राहत की लम्बी साँसें
पर मन है कि अवसन्न है
बार–बार लौट रहा है उसी बियाबान में
जहाँ भरी अदालत में माँ
पी कर मेरे हिस्से का विष
बन गयी होगी नीलकण्ठों की क़तार का एक और नीलकण्ठ।

मैं लौटूँगी आज उसी सपने में
ले आऊँगी माँ को अपने साथ
जैसे हवा बाँध कर आँचल में
चुरा लाती है फूलों से उनकी तमाम सुवास।

इतराती रहें आबादियाँ
जो मुर्दनियों में जिन्दगी के जश्न ढूँढ़ती हैं।

स्मृतियाँ साझे पल की

उनका जाना
जुदाई का पड़ाव नहीं
विदाई का फ़ैसला था

क़ायदे से
बुक्का फाड़ कर रो पड़ना चाहिए था मुझे
या लिपट कर पैरों में
न जाने की गुहार लगाना था
पर मैं देखती रही
जुदाई और विदाई के बीच उनकी क़दमताल

चाहती भी तो क्या रोक पाती?
रोकने से नहीं लौटती लहर
लौटते हैं अनिश्चय
नहीं लौटता स्पन्दन
लौटते हैं भ्रम
शंका की भित्ति पर दुमंज़िले महल बना कर।

नहीं रोकती उन्हें
जानती हूँ
जाने में विलगने का भाव है
बढ़ती दूरियों और फ़ासलों पर लगी पक्की मुहर।

रोकने की तरह कठिन है
छीन लेना साझे पल
एक–दूसरे में गुत्थम–गुत्था रहते हैं जो इस तरह
कि अलग–अलग अपना हिस्सा बटोरने का
जोड़–सूराख़ तक नहीं छोड़ते।

साझे पलों में बसती है सुवास
तरन्नुम में झूलती आस की कपास
साझे पलों में रहती हैं विहँसती स्मृतियाँ
स्मृतियों में समय अशेष
समय में प्रिय
स्पन्दित और अनुरक्त!

प्रिय के चले जाने की हूक की तरह
सत्य है प्रिय का होना साझे पल में
मैं प्रिय की अनुपस्थिति में
प्रिय के संग रहती हूँ
देखती हूँ गाढ़ा होते प्यार को।

निरन्तर चल रही हूँ प्रिय के संग
चलना क्रिया है
और मेरा फ़ैसला भी।

प्यार का नूर

मैं अपने अन्दर
प्यार को जज़्ब करती हूँ
वह नूर बन कर देह पर छा जाता है
दुलारती हूँ ज़रा–सा उसे
वह हज़ारहा शाख बन
थाम लेता है मुझे

प्यार ने सिखा दिया है
प्यार करना सबको
जीने की तीखी चाह है
और
प्यार की ओट में
छुपती जा रही हूँ मैं।

बेटी और माँ

धुर बालपन से ही बेटा
पिता की चप्पल पहन पाँव में
इनकार कर देता है उँगली पकड़ कर चलना
छोटे–छोटे पैरों से भरता है लम्बे–लम्बे डग
पिता से क़दमताल मिलाने की होड़ में।
चुपके से रेज़र को घुमाता है नरम गालों पर
दूर खड़ा पिता मुस्कुराता है
देखता है उसके पार अपनी छवि
गाल पर उगे कँटीले झंखाड़ में गुम हो गयी है जो कहीं
कल्पना में पुत्र की रोएँदार ठुड्डी को सहला
आश्वस्त हो जाता है पिता
कि विरासतें ऐसे ही तय करती हैं मुक़ाम।

पिता बहुत दुलारते हैं बेटी को
गोद से उतरने नहीं देते तनिक भी
थक जाते हैं तो पीठ पर गठरी की तरह लाद लेते हैं
बेटी के हाथ–पाँव की सलामती में दुबलाये रहते हैं।
दिखाते हैं पेड़ पर फूलती लतर
लतर पर मण्डराती मधुमक्खियाँ
पराग इकट्ठा कर फूलों का मधु बनायेंगी धीरे–धीरे
तोड़ लायेंगे राजा भैया

अपनी लाड़ली बहन के लिए एक दिन।
फिर पेड़ की मज़बूत डालियों पर झूला डाल
नेह बरसाने लगते हैं झमाझम
झूलने में सुख लो बिटिया
भूलने में आनन्द!

चौके से निकल कर माँ
झपट लेती है बेटी को
गर्म खुरदुरे आँगन में नंगे पाँव धकेलते हुए
ले जाती है चौके में
माँ का चेहरा तमतमाया हुआ है
देर तक आग की लपट के संग रहो
तो त्वचा रंगत बदल लेती है एक दिन
शायद!

'मधुमक्खियाँ ग़ुलामी नहीं करतीं
शहद में भरती हैं ख़ुशी
और सपने अपने
संगठन की ताक़त
और आत्मसम्मान अनन्त
नन्हीं–सी धुन में उगा लेती हैं कँटीले डंक
और खदेड़ देती है घुसपैठियों को दूर तक
लहूलुहान करके।
जिन्दगी झूला नहीं, संघर्ष है
ताक़त के सामने ताक़त पाने की ज़िद
भूलने से खो जाती हैं दिशाएँ
चेतना ही धुरी है और पंखों का पसार भी वही!'
बहुत कठोर है माँ

तनिक भी ममता नहीं
छोटे–छोटे हाथों से रोटी बेलती बेटी को
माँ फूटी आँख नहीं भाती।
पिता उसे मुक्ति देते हैं
गौरैया की तरह फुदकने के लिए आँगन जितना आसमान।
अहा!
गठरी बनकर किसी की पीठ पर झूलने में कितना सुख है!
कितनी मादकता!

बेटी को पिता की तरह
दृश्य के पार देखना नहीं आता
माँ बन जाने के बाद
अनायास पा जाती है वह दिव्य–दृष्टि
बेटी की मुग्धता में परखती है
अपनी बचकानी बेवकूफ़ियाँ
पिता की रणनीतिक चालबाज़ियाँ
और माँ के मौन में धधकते ज्वालामुखी।
देख लेती है माँ की झुकी काया पर रखा ग़ुलामी का जुआ
जिसे देखेगी उसकी बेटी बहुत दिन बाद
माँ बनकर
अगर जिबह होने के दर्दीले चाव में
मन्त्राभिषिक्त बकरे की तरह मिमियाती न रही वह देर तक।

शून्य में शून्य जोड़ती
कैसी ये माँ–बेटी की रपटीली विरासतें!!

आत्मरक्षा की कातरता में
माँ को बाँध अँगोछे में दूधिया शिशु की तरह
पीठ पर टिका लेती है वह

और देह पर उगा कर छत्ता भर मधुमक्खियों के डंक
तन कर खड़ी हो जाती है पिता के सामने।

माँ की माँ बन जाने के सुख को
घूँट–घूँट पीती पिता की दुलारी वह बिटिया
बन जाती है काँटा ठीक उसी पल
पिता समेत पिता के आत्मजों की भी आँख का।

व्यस्त हूँ मैं

मेरे पास बेइन्तिहा धीरज है
व्योम में पसरी निस्तब्धता जितनी
उजली शान्ति
और समुद्र के तल में पैठी गहराइयों जितनी अडोल दृढ़ता
मैं अपने गर्भ की अछोर उर्वर ज़मीन पर
हल चलाती हूँ
विधाता के हाथ से छीन कर कपटी क़लम
समय के सीने पर
मनुष्य का भविष्य लिखती हूँ

हवा और ताप को
दोनों नैनों में जोत की तरह जगमगा लेने के बाद
तीसरी आँख की पुतली में
मनुष्य की स्वायत्तता को अभिषिक्त कर देती हूँ।

औरत और ईश्वर

मैं प्रार्थना नहीं करती ईश्वर से
जानती हूँ
दूसरों को उनकी ज़मीन से बेदख़ल कर देने वाले बादशाहों की
धूर्त सन्तान है वह।

मैं अपलक घूरना चाहती हूँ ईश्वर को
कि बेधक निगाह से असहज हो जाये
और हकलाते हुए क़बूलने लगे
वे गुनाह
जो लोगों को बाँट कर किये उसने
धरती के बादशाहों के इशारे पर।

घुसती हूँ उसके घर
वह रंग–बिरंगे पथरीले क्लोन छोड़
लापता हो गया है कहीं
कि हताश लौट जाऊँ मैं
और साँसों पर क़ाबू पा
फिर आसीन हो जाये वह अपने सिंहासन पर।

मैं धनुर्धारी की मूर्ति को
देती हूँ ईश्वर का रुतबा

कवियों ने उसे शील शक्ति सौन्दर्य का आगार कह सराहा है
मर्यादा पुरुषोत्तम नाम देकर बहुत सिर चढ़ाया है
मैं उस उत्तम पुरुष की मर्यादा में सेंध लगा कर
घुसती हूँ भीतर
जैसे सदियों से उतार दी जाती रही हैं
वर्जनाओं की बर्छियाँ
मेरी अन्तरात्मा तक।

देखती हूँ, जमीन के नीचे अर्धांगिनी उसकी
साँसों के लिए हार कर अन्तिम लड़ाई
दम तोड़ रही है बिलबिला कर
–शील शक्ति सौन्दर्य की स्वामिनी वह–
और मर्यादाएँ लाँघ कर तमाम
उस वीर धनुर्धारी ने
मृत देह से निकाल कर वे तीनों मणियाँ
अपने मुकुट में सजा ली हैं।
(ईश्वर की चोरी को चोरी नहीं, लीला कहते हैं!!)

सुनती हूँ, आर्त्त क्रन्दन शम्बूक का
ज्ञान को प्राणों की जगह धर लिया था उसने
दम्भी अज्ञानियों के उस सुवर्ण राज्य में
अँधेरों के रहवासी उलूक
नहीं सह पाते आलोक–रेख
उस महनीय अपराध का दण्ड एक ही था
मौत!
(ईश्वर के न्याय से सख़्त परहेज़ है मुझे!!)
मैं देवी नहीं कि अगले जन्म देवता बनने की लालसा में

झुक जाऊँ किसी बेरहम ईश्वर के पैरों में
गर्वित हूँ कि स्त्री हूँ
हरियाई प्रकृति
नष्ट होने से पहले धर लेती हूँ बीज में प्राण
और फिर घेरकर ज़मीन गहरी साझेदारी में
बन जाती हूँ बरगद छतनार।

कातरता नहीं,
आत्मविश्वास की प्रज्वलित लौ हूँ
जानती हूँ,
भटक कर आयेगा वह ईश्वर पतंगे–सा
मेरी रोशनी में जलने
एक दिन।

बभ्रुवाहन

हाथ में हथियार हों
और सिर पर दुःशासन का वरदहस्त,
अट्ठारह अक्षौहिणी सेनाओं का बल
माथे पर चढ़ने लगता है आप ही आप
पारे के गाढ़े तरल की तरह,
टप–टप चूने लगता है अहंकार का महुआ
पूरा संसार शतरंज की बिसात बन जाता है।

न भी कहे कोई झूठ–मूठ
झूठी–सच्ची बात कोई
'अश्वत्थामा मर गया, नर नहीं, हाथी'
कान सुनते हैं उतना
कि फड़फड़ा उठें बाँहें
और हथियारों की लपलपाती बिजलियाँ
लहू की सनसनाती नदियों में किलोल करने लगें।

चक्रव्यूह रचे नहीं जाते अकस्मात्
एकाएक आ धमकी आपात् स्थिति से निपटने के लिए
गाँठें हैं वे अपने ही उलझे अहं की
शिराओं में दौड़ते बेसब्र लहू के साथ
कूदती–फलाँगती जटिल हो रहती हैं हर रोज़

कि सुलझाना असम्भव हो जाये
और मुल्तवी करना जानलेवा
हथियारबन्द हमशक्ल योद्धाओं की तलाश में तब
निकल पड़ती हैं मुखौटाधारी सभ्यताएँ।

खण्डित अस्मिताएँ
एक दूजे में देख अक्स अपना
बना लेती हैं वृत्त मकड़जाल–सरीखा
घेरती हैं कोई एकाकी मनस्वी
लीक से छिटका दीया
या शान्त तपस्वी ध्रुव तारे–सा
सौदेबाज़ी में अ–माहिर बिल्कुल।

वधिक न बनें योद्धा
तो महारथी नहीं कहलाते।
अपनी ही कायरताओं से भीत वे
भेड़ियों का हजूम हो जाते हैं
करते हैं शेर का शिकार मिल कर
दूर–दूर से
एक–दूजे में गोलबन्द होकर
ख़ुद को महफ़ूज रखते हुए।

अपने ही रक्तिम जलाशय के बीच
आख़िरी साँस लेते शेर की गर्वीली मुस्कान
जब लपकती है शमशीर की तरह
दुबक जाते हैं माँद में
मुखौटों के नीचे
भय से सिकुड़ते सीनों में हवा भरने धौंकनी से

आरतियों और लल्लो–चप्पों की धौंकनियाँ न हों तो
संसार मुर्दों का टीला हो जाये।

बभ्रुवाहन की तरह जीवित मृत मैं
हाथ में थाम कर कटा सिर अपना
बैठी हूँ पहाड़ के शिखर पर
देख रही हूँ तमाशा रुआँसे अट्टहास के साथ
अभिमन्युओं को घेरते चक्रव्यूहों की भीड़ में
मेरे क़त्ल का चश्मदीद गवाह एक भी नहीं।

कुलधरा : स्मारक प्रतिरोध का

(राजस्थान स्थित कुलधरा गाँव की स्तब्धकारी वीरानियों के मध्य ठिठके इतिहास के बीच से गुज़रते हुए, ज्यों गुज़र जाती है हवा अपनी कुलबुलाती पदचापें वहीं छोड़ कर)

भीतर
बहुत कुछ घुमड़ता है कुलधरा जाकर
खँडहरों में जन्मने लगता है
रुनझुन जीवन,
तरन्नुम में हँसती किलकारियों की दूधिया आस
दूब से पसार देती है रेगिस्तान।
रहवास की मिठास में
व्यंजनों–से गमकते हैं आत्मीय सम्बन्ध,
छलकने लगते हैं द्वन्द्व
और दबी–ढकी नापाक हरकतें भी।
कुछ टुकड़े दुख
कुछ बन्दिशें सुख की
सपनों का जखीरा
और साँसों का उत्ताल नर्तन।

धीरे–धीरे विषैली फुँफकारें
तकिये और लिहाफ़ का लिहाज़ छोड़

आसन जमा लेती हैं चबूतरों पर
फिर पता नहीं कहाँ से
दसों दिशाओं में गूँजने लगती हैं टापें घोड़ों की
लहराने लगती हैं चमचमाती बेदर्द शमशीरें
और क़तरा–क़तरा टपकती मौत के साथ
जमीन के गर्भ में उतरता चलता है
रक्तीला लाल दलदल

जमीन के पास स्वाभिमान है
दर्द सहने की ताक़त अकूत
समेट लेती है इन्द्रियाँ अपने ही गर्भाशय में
जन्मती है कहीं और हरी होकर
कहीं नासूर रिसते ही रह जाते हैं लाचार।

कुलधरा खँडहर नहीं
न निस्तब्ध चुप्पियों का भयावह गर्जन
बेचारगी का शोकगीत तो क़तई नहीं।
धरा की कुल क्रूरताओं का
सत्ता–समीकरणों का
शिलालेख है वह
जीवन्त!
इन्सानी ताक़त की
टंकारती ललकार भी
कि तिनके की तरह उड़ता वजूद मनुष्य का
बेमानी तो क़तई नहीं
पा ले ग़र सन्दर्भ
सामूहिक प्रतिरोध का।

❑❑